De la Literatura, las Artes y la Sociedad
por Reynaldo Fernández Pavón

Compilación de obras del autor

eniolá
Publishing

Palabras de introducción.

En el año 2012 durante la presentación de la novela *El Lirio del Prado* en la Universidad Carlos III de Madrid, la Dra. Carmen González Vice-Decana de la Facultad de Humanidades de esa institución docente me preguntó: —Sr. Fernández, ¿cómo pasa usted de la música de concierto a la poesía, y de esta a la novela, para después de escribir relatos y cuentos, crear canciones de amor, y no sólo las compone, sino que además las canta?— Debo confesar que mi respuesta fue un rotundo —¡No sé! — y ese día, uno de los asistentes a la charla me sugirió que sería interesante tener a manos un documento en el cual se mostraran las diferentes facetas de mi actividad intelectual, «…y de paso organizo un poco la obra» dije yo entre las risas de los presentes.

Diez años después me pareció interesante compilar una selección de ensayos, críticas, relatos, poemas, artículos publicados y otras obras para ofrecer al gran público una imagen más amplia de mí quehacer artístico y literario, en una publicación que pudiera ser del agrado de los lectores por variada y polémica. Con el mayor respeto y el testimonio de mi más alta consideración, les entrego en este libro algo de la música, y de las letras que llevo dentro.

El autor.

Dos Relatos

El día que nació el silencio

En un salón de clases del Conservatorio Amadeo Roldán, el profesor Suárez interpretaba al órgano una obra que tocó mi sensibilidad juvenil; le pregunté a mi maestro el nombre del compositor: —Francesco Landini—, contestó y su voz de barítono se escuchó vibrar en los tubos del instrumento resonando en el espacio con los armónicos del último acorde.

La curiosidad me llevó a la biblioteca de la escuela para indagar sobre la vida y obra del compositor, se trataba de un músico que vivió en Reggio Emilia, provincia de Italia irrigada por el río Po y delimitada por los Apeninos Tosco Emiliano, territorio donde los cultivos y los bosques se abrazan para conservar en su seno pintorescos pueblos integrados a un paisaje que cualquier pintor admiraría.

Regresé a casa después de las clases de escolaridad, y cuando me disponía a entrar en el pasillo donde vivía mi abuela, Daniel, el vecino del primer apartamento, me salió al paso y me dijo:

—Muchacho, ¿sabes cómo se llama aquella mulata escultural que camina por la acera?

—No, señor—, contesté mientras observaba a una muchacha, como de mi edad, tan hermosa que paraba el tráfico con su andar.

—Se llama María Cecilia. Todos los jóvenes del barrio andan

perdidos por ella, y tratan de ganarse su favor —, me hizo saber aquel moreno enorme con cara de sabio.

Ilustración: Cecilia Valdés, un acrílico de 42″ por 54″, del pintor cubano Luis Vega.

No sé qué me ocurrió, pero después que puse mis ojos en aquella mulata, quedé suspendido en un encantamiento que me hizo perder el interés por los estudios de órgano. Sin descanso comencé a buscar ocasión para acercarme a su imagen escapada de *El Rapto de las mulatas* del pintor Carlos Enríquez.

Tuve la impresión de haberla visto en una tarde de mayo vestida toda de blanco caminado por la calle Obispo, y en otra ocasión me pareció haberla visto pasar sentada en un quitrín por las calles aledañas al Convento de Santa Clara. Se lo comenté a Daniel, quien al escuchar mi declaración expresó con desdén: —¡Tú deliras muchacho del diablo! Esas son invenciones de tu cabeza calenturienta, debes haber leído la novela Cecilia Valdés, de Cirilo Villaverde —, y luego de decir esto rio a carcajada batiente.

No quise discutir acerca de mis "visiones" —como Daniel les llamaba a mis desvelos—, y decidí no compartir con nadie nuestros encuentros en el parque de la Fuente Luminosa. Sentados en la glorieta le pregunté:

—¿Quién es tu papá?

—Yo no tengo papá—, contestó mientras me miraba a los ojos.

—¿Y… con quién vives?

—Vivo con mi abuela y una de mis tías. De seguro las conoces; mi abuela se llama Juana y mi tía siempre anda vestida de miliciana. —¡Ah! Sí, claro… ¡Ya sé! Tu tía es una mujer muy linda—, le dije en el instante en que ella se puso de pie para recordarme que no podía llegar tarde a su casa.

No volví a verla hasta el día 28 de septiembre, fecha en la que todos los barrios celebran el aniversario de los Comités de Defensa de la Revolución con música bailable y cajas de cerveza. En la avenida donde vivíamos montaron una tarima y su abuela, que era dirigente de la Federación de Mujeres Cubanas, trajo a un grupo musical de aficionados de la Universidad de La Habana para que amenizaran la fiesta. La vi bailando en medio de la calle, crucé sin mirar a los lados y una caja de cervezas se interpuso en mi camino y caí de bruces en el suelo, todos a mi alrededor se rieron, pero en medio de la algarabía Cecilia me socorrió y le besé las manos sin que opusiera resistencia.

—¡Mañana nos vemos!… Tú sabes dónde—, susurró a mi oído con carita de maldita y fue a sentarse junto a unas amigas, en el contén de la acera, escoltadas por Cuco y Papo, unos tipos busca líos del barrio, con los que yo ya me había enredado a piñazos cuando una vez me llamaron "muchacho de mierda", por lo que decidí no acercarme para evitar problemas.

Comenzamos a encontrarnos en la glorieta de la fuente luminosa cuando regresábamos de la escuela. Los abrazos y los besos que nos dábamos eran cada vez más intensos y pensamos que era mejor que nos viéramos en el Monte Barreto con el propósito de ocultarnos de la vista de la gente. El día que hicimos el amor, fue tanta la dicha que se nos hizo muy tarde en la noche y, al regresar, su tía nos esperaba en la acera. Con un solo gesto, sin pronunciar palabra, le ordenó a María Cecilia que entrará en la casa.

—¡No vengas a buscarla nunca más! —, me dijo. —¡Nunca más! Porque te vas a arrepentir. ¿Me entiendes? —, exclamó con ira; y escuché a mis espaldas dos sonoras bofetadas, mientras María Cecilia gritaba: —¡Abuela, es que nos queremos! —, y por encima de sus suplicas se alzó la voz de la mujer:

—¡Calla, calla, María Cecilia! No llores después de haber gozado, porque creeré que te estás burlando de mí —, expresó con enojo.

Mi padre supo lo acontecido por boca de algún vecino, y me agarró por el cuello para exigirme que dejara a María Cecilia, o tendría que vérmelas con él de hombre a hombre. Me sentí culpable por todo aquel torbellino que se había armado, a la verdad que nunca había visto a mi padre enfurecido de tal modo, y decidí liberar a María Cecilia de mi presencia.

El tiempo pasó, había quedado atrás mi primer amor y los sueños de mi adolescencia; y un amanecer, después de caer una tormenta de nieve como de veinte pulgadas sobre la ciudad de Nueva York, llamé por teléfono a mi madre. Luego, Amparo, mi hermana mayor, me hizo saber que María Cecilia había emigrado hacia tierras lejanas. —¿Quién dará vida a la Calle del Ángel? ¿Qué pasará con las fiestas y las celebraciones de la villa de San Cristóbal si María Cecilia ha abandonado el país? —, le pregunté sobresaltado. —Yo no sé Leonardo—, contestó mi hermana y me dejó con la palabra en la boca.

Poco después, "El Moro", un amigo de la infancia que salió de la isla durante el éxodo del Mariel me hizo saber que en el barrio se decía que María Cecilia, tras recorrer toda Andalucía, se había refugiado en Reggio Emilia, sitio donde jamás hubo inmigrantes cubanos. Yo había conocido la existencia de esa región de Italia desde aquella clase de órgano de la cual todavía guardo el recuerdo. No puede ser casualidad, "mi madre siempre ha dicho que la casualidad no existe", pensé. En aquel tiempo en Nueva York se produjo el renacimiento de la fe en los ángeles. A mí en particular, me interesaba saber todo sobre Los Ángeles Músicos de la Catedral de Valencia, que habían sido descubiertos tres siglos después, porque en realidad nada ha de quedar oculto entre la tierra y el cielo, y yo tenía la obsesión de descubrir la razón por la cual los habían tapiado en 1682.

Escuché en la emisora Radio WADO en New York City, un cometario sobre una exposición dedicada a los ángeles músicos que tendría lugar en el Museo de Reggio Emilia, y viajé a Italia convencido de que esos ángeles develados a los hombres en tiempos recientes podrían ayudarme a encontrar a María Cecilia; a fin de cuentas, no había dejado de verla en mis visiones, aunque estaba muy entrado en años para hablar de esas experiencias metafísicas con otras personas.

En Reggio Emilia oré a los ángeles que fueron pintados tocando cítara, organillo, dulcémeles, laúd, viola de arco, arpa, vihuela, dulzaina, flauta doble y trompetas, para que en ese contrapunto de la especie infinita me fuera revelado el paradero de mi amada… Pero la revelación no se produjo en ese momento, ni durante la semana que pasé en Italia, ni después… Y perdí la fe en los ángeles por aquello de "ver, para creer".

Una noche de otoño caminaba hacia la estación de la 42 y la 8va para tomar el bus que me conduciría a West New York, en el lado del túnel que da a New Jersey, y sonó el timbre de mi celular:

—¡Hola! ¿Sabes quién te habla? —, preguntó una voz trémula de mujer.

—¿María Cecilia? —, grité emocionado, y en ese instante se interrumpió la comunicación. Unos segundos después se produjo el apagón que sumió la ciudad en la obscuridad.

Ese, fue el día que nació el silencio.

Relato de Anticipación

"A mis amigos de Aguascalientes"

Quise detener la noche, como hacen los niños y un indio Chichimeca me dijo con acento del centro: —Oiga Don a nosotros nos llaman merodeadores—. Al escuchar esa declaración, los ojos

de las mujeres de Saturnino Herrán me mostraron su sorpresa, — ¿Merodeadores? — , dijeron todas a una, a esa hora de la noche en que no había ni un alma por aquellos lares.

Foto de la dama del Jardín del Encino de Jesús Romo.

El indio me miró, como solo saben mirar los que leen huellas en los caminos…

— Le espero en el valle —, expresó con determinación y decidí aventurarme por donde crecen infinitos los nopales; lo seguí para estar seguro de que no era una de esas visiones que me han quitado el sueño.

Se trataba nada más, y nada menos, que, de la Villa de Nuestra Señora de la Asunción de las Aguas Calientes, un paraje donde la memoria se acunaba en las haciendas y en las aguas cristalinas de los pozos; un recodo donde se conquista a las mujeres con serenatas bajo los balcones o junto a las ventanas que se abren a medias para dejar pasar los suspiros de ansiedad que el amado les provoca.

Mientras, al otro lado de la calle, sentadas en sendos sillones, damas de más edad cosían bellos deshilados y confeccionaban los bordados que les legó un ángel de alas enormes poco antes de convertirse en un gigante de mármol.

Mi nombre fue mencionado desde mucho antes en el barrio donde se encuentra el Complejo Tres Centurias, y es que existe allí un reloj enorme que al abrirse, muestra una maqueta con la distribución de los Talleres que son parte de los Ferrocarriles de Aguascalientes, tiene música y voces y en otro tiempo, una niña de 9 años corriendo de la mano de su padre, se subía al tren cuando iba a baja velocidad para recorrer las 13 horas que demoraba la travesía de Aguas al Distrito Federal.

Los pobladores han dicho que canto con voz de vendedor de tamales, de vendedor de atole, de maíz. Mi bisabuelo, el Taita Julián, trabajó como muchos de ellos en almacenes del siglo XIX, cuando compró su libertad y dejó de ser esclavo.

¿De cómo se escuchó mi canto en las instalaciones de la televisión?, es harina de otro costal y será el tema de mi próximo relato. Lo cierto es, que se abrió una puerta de entrada por la que pasamos, mi nombre primero y yo después, ¡no estoy alucinando…! ¡No! También pasan por ahí las almas que entran en la ciudad para visitar a sus seres queridos.

Eso fue lo que me advirtió el indio Chichimeca y me hizo

saber que volvería para servirme de guía, pero debía estar en los escalones de la Iglesia antes de morir el alba, no esperaría ni un minuto más después de la hora señalada.

Cuando me volteé estaba en medio de La Feria de San Marcos. Vi un cartel que pendía entre dos postes con letras enormes y coloridas en el que se leía:

¡FERIA DE TODAS LAS FERIAS DE SAN MARCOS, ABRIL Y MAYO!

Llegaba gente de todas partes a verbenas muy similares a las de Paso Real de San Diego; en las que los guajiros organizaban competencias y concursos de repentistas que improvisaban décimas floridas, pero el plato fuerte eran las peleas de gallos y las competencias a caballo, por cierto, aquí en la feria vi un gallito pinto igualito a uno de mi bisabuelo que daba vueltas a la redonda dentro de la valla a una velocidad vertiginosa para cansar a los adversarios, y cuando los veía sofocados, les caía encima como un relámpago.

Cansado de tanto andar y sediento, me senté en un banco de hierro en un jardín arbolado con palmas, pinos y flores, luego de descansar me acerqué a contemplar los azulejos de la fuente y conocí a Sofía, que era el nombre que en la Villa de Aguascalientes tenía la Sabiduría, le dije con el mayor respeto: - podría usted indicarme ¿dónde puedo tomar un vaso de agua fría?, estoy deshidratado.

Sofía fue el primer habitante que conocí en Aguascalientes, me llevó a su casa —templo y me explicó que estaba convencida de que yo era uno de esos isleños extraviados en tierra firme que estuvieron de paso por la Feria con sus ritmos contagiosos, sus danzas sensoriales y sus voluptuosas negras y mulatas.

La suerte quiso que me mostrará el sentido que tenía la hospitalidad; Sofía —¿Me crees que estoy seguro de que he estado en este sitio antes? —le pregunté.

—Claro que lo creo, esa pregunta también me la hiciste en aquel tiempo—, respondió sonriente y pasó a escucharme con suma atención cuando le juré que no venía de las islas, sino del frio del norte y de cómo la prensa reflejaba los conflictos de los inmigrantes ilegales. Sofía me sirvió con parsimonia un plato de mole, acompañado de un exquisito pozolote con tamales rojos y verdes y buñuelos polvoreados con azúcar, como los que cocinaba mi abuela María Catalina los días de Noche Buena, hasta que una revolución borró del mapa las navidades.

Escuchábamos música tutelar de un programa de radio que retenía la noche mientras el cuerpo aguante, en el momento en que llegaron tres guitarristas con unos amigos de Sofía que me fueron presentados en este orden, Ernesto Martínez, Don David Esparza, Gerardo Rangel, Manuel Palestina y Alfonso Díaz. En un abrir y un cerrar de ojos, me regalaron lo que mi tío Ramón Cabrera hubiera llamado una parranda y mi amigo Cesar Portillode la Luz: "una descarga".

Brindamos por la amistad y el amor con una botella de vino tinto de la cosecha de 1955, producido por la Compañía Vitivinícola de Aguascalientes que Sofía conservaba sin descorchar para celebrar este encuentro. Me percaté de mi ignorancia respecto a muchos temas y comenté para mis adentros: «caramba, como es posible que nadie me dijera que la sabiduría sabia cantar rancheras... ¡Y de qué manera!».

Me quedé dormido en un sillón de mimbre y un rayo de luz me trajo de regreso. Dejé un poema de despedida y partí con los amigos de Sofía. Tenía el firme propósito de ver El Cristo Negro del Encino y ellos se brindaron a acompañarme. No había visto nunca una imagen semejante, El Señor del Encino se encontraba en una nave a modo de cruz latina en el barrio de Triana, una zona antigua y apegada a las tradiciones.

Desde lejos divisé la cúpula octogonal recubierta con azulejos blancos y azules, rematada con una linternilla. Cuando estuvimos frente a la fachada, mis acompañantes y yo, me paré junto a la reja y me complació ver en lo alto, una figura escultórica de María Magdalena acompañada de San Lucas en la parte inferior y de Santa Martha y San Marcos a su derecha.

He podido corroborar que detrás de los hombres que han trascendido en la historia, siempre hay una mujer. Este es el caso de La Magdalena. Dentro del templo me arrodillé ante el altar neogótico de La Virgen de Guadalupe, les hice saber que había leído reportes de las investigaciones que se habían realizado sobre la imagen de nuestra señora que se encuentra en la tilma de maguey que llevaba puesto el indio Juan Diego, "El que hablaba como las águilas" y los informes de los oftalmólogos que han podido examinar los ojos de la Virgen. Todo parece indicar que La Virgen María de Guadalupe, conserva un mensaje para el futuro de la humanidad que la ciencia no está en condiciones de descifrar todavía, la contemplé por primera vez en una ilustración de un libro siendo padre de mi segunda hija y la adoré con todo mi corazón hasta este momento en que estoy a sus pies.

No existe una imagen más cercana a la joven judía de diez y seis años que trajo al mundo al niño Jesús en el siglo primero de nuestra era que la de La Virgen patrona de los mexicanos.

El altar mayor construido con un ciprés con columnas corintias y una cúpula integrada por tres bulbos alberga la figura de El Cristo Negro cuya procedencia también es un misterio, y al que se atribuyen muchos milagros, oré por el presente y el futuro de mi sufrido pueblo y por cada una de las personas que me quieren bien.

Me despedí de los amigos de Sofía luego de escuchar una amena conversación en la que mencionaran a los compositores e intérpretes latinoamericanos que hicieron famosas las canciones con las que por generaciones se han entrelazado los enamorados. Regresé al Jardín del Encino y una dama española que cuida la Plaza me anticipó que ese barrio había sido cuna de ilustres artistas y poetas, y me aconsejó que no me fuera sin ver torear a

"El Calesero". Habría podido jurar que se trataba de la mujer que sirvió de modelo al artista que creó la escultura de la dama roja y que está situada frente a los números 117 y 119 de aquel paseo.

Debo confesar que nunca me ha gustado La Fiesta Brava, pero como dice el refrán, "A la Tierra que fueres, haz lo que vieres", me fui a la Plaza de Toros Monumental, desde lo alto de una de las cuatro torres, presencié por primera vez el renombrado espectáculo y al Torero Alfonso Ramírez, así se llamaba aquel poeta que llenó de luz aquel inmenso recinto con su elegante gracia y su inspiración una y otra vez renovada. Llevaba al toro como él quería y no como hubiese querido el toro, era un artista en toda la extensión de la palabra.

La hora de mi cita se acercaba y sabía que tenía el tiempo contado para encontrarme con el indio Chichimeca.
Corriendo con todas las fuerzas de mi alma y de mis piernas llegué a la hora al sitio acordado.
— Apúrese Don ¡ahí viene hecha la mocha! —, gritó el indio desde el otro lado haciendo señales a la lejanía.
— ¡Un segundo por favor, un segundo! ...- Solicité excitado, puse la palma de mis manos en la tierra, miré el paso del alba y desde mi corazón les dije adiós.

Ensayos y Artículos

Mitos y las leyendas: El güije en la cultura cubana

Los mitos reúnen y transmiten la esencia del pensamiento humano en una fase remota del desarrollo de la capacidad de abstracción y de los sentidos, que, en su evolución, han registrado las huellas de nuestro paso por el planeta tierra, en esa coordenada del espacio que llamamos tiempo.

Los mitos representan un nivel del pensamiento muy importante para el estudio de la vida en conjunción con la naturaleza y las fuerzas cosmogónicas, y son ventanas cognitivas que nos permiten pasar de una época a otra, como ocurre en el caso de la literatura y el arte: un ejemplo muy claro de esa importante función lo son "La Ilíada y la Odisea", obras de obligatoria lectura para el estudio de la llamada etapa oscura de Grecia.

Existen diferentes clasificaciones sobre los mitos, mencionaremos las que serán útiles para entender la diferencia entre mito y leyenda:

— Los mitos cosmogónicos y teogónicos que explican los orígenes y acciones de los dioses en relación con el mundo fenomenológico. Mitos que corresponden a una fase del proceso de la relación sujeto- objeto –idea, en que el hombre se enfrenta a un entorno demoníaco y trata de descubrir e interpretar leyes y categorías que existían independientemente del desarrollo de su propia consciencia.

— Los mitos de la antropogénesis que se refieren a la aparición y evolución del hombre, y los de carácter moral que tuvieron una enorme influencia en la política y la ideología y la ética del mundo antiguo.

— Los mitos filosóficos, de los cuales existe un ejemplo clásico: El "Mito de la Caverna" que Platón menciona en su obra "La República" al referirse a la naturaleza de la educación.

La influencia de los mitos en el individuo y los acontecimientos históricos puede observarse a través de "El Mito de Quetzalcóatl", su profunda huella se remite al pasado remoto de las civilizaciones de Nuestra América.

Quetzalcóatl, Estrella de la Mañana o Serpiente Emplumada, nace de Chimalma, una mujer virgen —como en el caso de Jesucristo —, su padre era un semi-dios nombrado Mixtocoalt. Su madre lo colocó en una cesta y lo depositó en las aguas de un rio desconocido —tal y como se narra sobre Moisés en el pasaje bíblico del Antiguo Testamento—y fue encontrado por sabios que lo criaron y educaron, llegando ejercer muchos años después el cargo supremo del gobierno.

Otro mito describe a Quetzalcóatl como un hombre blanco, rubio, barbado, poseedor de un conocimiento científico sin precedentes en Mesoamérica y enseñó a sus contemporáneos a labrar metales, el arte de la orfebrería y la astrología y al morir renace en forma de "estrella", interesante analogía con Jesús pues discriminatoria de las mujeres.

En 1994 se celebró de La convención Interamericana para prevenir, sancionar y erradicar la violencia contra la mujer que determina que la organización de Estados Americanos (OEA) se comprometa a modificar las leyes y normas necesarias para prevenir, sancionar y erradicar la violencia contra las mujeres. En esta Convención de Belem do Pará se proclama "que toda mujer tiene derecho al reconocimiento, goce, ejercicio y protección de todos los derechos humanos y a las libertades consagradas por los instrumentos regionales e internacionales de derechos humanos. Estos derechos comprenden entre otros:

a. El derecho a que se respete su vida;

b. El derecho a que se respete su integridad física, psíquica y moral;

c. El derecho a la libertad y a la seguridad personales;

d. El derecho a no ser sometida a torturas;

e. El derecho a que se respete la dignidad inherente a su persona y que se proteja su familia;

f. El derecho a igualdad de protección ante la ley y de la ley;

g. El derecho a un recurso sencillo y rápido ante los tribunales competentes, que la ampare contra actos que violen sus derechos;

h. El derecho a la libertad de asociación;

i. El derecho a la libertad de profesar religión y las

como el Mesías, Quetzalcóatl venció a la muerte y resucitó. Existe una fascinante interrogante todavía sin respuesta para los antropólogos en los monumentos olmecas (1,500 a.C. – 100 d.C.) civilización que correspondiendo al Preclásico Inferior y Medio que además esculpir cabezas monumentales con rasgos afroides, crean representaciones de hombres barbados, con la nariz aguileña y los cabellos lacios.

Este hombre blanco y barbado jugó un papel muy relevante entre Toltecas, Nahuas y Mayas por sus conocimientos científicos.

De acuerdo con las crónicas de Bernal Díaz del Castillo, presumimos que este mito pudo haber ejercido una dramática influencia en la actitud del Emperador Moctezuma a la llegada de Hernán Cortés al mando de aproximadamente un millar de soldados y a quien el emperador envió tendiles con oro, joyas y hermosos presentes, motivado por la impresión que le provocó un hombre que aparecía ante sus ojos con un casco de latón que brillaba al sol, como mucho tiempo atrás según la mitología, había llegado a Tenochtitlán otro hombre blanco y barbado con un casco semejante. Este episodio fue el principio de una serie de acontecimientos que concluyen con la victoria de los españoles al mando del propio Hernán Cortés y que causó la muerte de cien mil hombres de las huestes de Moctezuma.

Contrario al mito, las leyendas nacen de acontecimientos que permanecen en la memoria colectiva por contar con una base objetiva, y son creídas por quienes las narran y por aquellos que las escuchan, proceso en el cual la transmisión oral es de suma importancia. En el surgimiento de los nuevos pueblos americanos, las leyendas se nutrieron de fábulas contadas por indios, europeos y africanos procedentes de regiones geográficas muy distantes. Proceso en el cual se produjo un incesante intercambio de aportaciones de toda índole que en el caso de Cuba dieron lugar al sincretismo entre el sistema religioso de los afrocubanos y la religión católica. Este complejo proceso crea una sicología, un carácter, un lenguaje y una historia común en la que surgen leyendas que reflejan los aspectos que definen y diferencian a esa nueva nación en el concierto de naciones. He aquí algunas de las leyendas más conocidas entre cubanos:

• El jinete sin cabeza
• La Luz de Yara
• La Dama de Blanco
• La leyenda del Guajiro del Café
• La muerta viva
• La leyenda de Matías Pérez en el siglo XIX y la Leyenda de la Milagrosa en el siglo XX.

"La Leyenda de Matías Pérez" se refiere a un fabricante de toldos que llegó a ser muy conocido en la Habana en la segunda mitad del siglo XIX y se considera uno de los pioneros de la aerostática de Hispanoamérica.

El día 12 de junio de 1856 Matías Pérez ascendió en un globo a los cielos y descendió en el sitio conocido como Filtros del Husillo en lo que fue considerado todo un suceso y el día 28 de junio del propio año en el globo Villa de París, en el Campo de Marte, en presencia de miles de personas que fueron a contemplar su ascensión volvió a los cielos para no regresar nunca más, dejándonos el conocido refrán popular "Voló como Matías Pérez" lo cierto es que le buscaron por tierra y por mar el mismo día y los días siguientes y no apareció ni el rastro, su desaparición lo convirtió en una leyenda que fabuló la posibilidad de que Matías Pérez desapareciera en una nave espacial en un encuentro del primer tipo. Existe incluso una novela cubana de anticipación inspirada en esta hipótesis.

Otra leyenda muy arraigada en el pueblo cubano por tocar los dedos del milagro es la referida a "La leyenda de la Milagrosa".

Amelia Goyri, una dama de la sociedad habanera y su hijo mueren el 3 de mayo de 1903, a consecuencia de una complicación surgida en el parto. Su esposo José Vicente Adot y Rabell visitó la tumba día a día durante tres años al cabo de lo cual y en la fecha de la exhumación se encontraron con un hecho impactante: el cuerpo de Amelia y del niño estaban intactos, pero lo más notorio es que el niño que había sido colocado a los pies de la madre apareció en sus brazos, por lo cual se tapió la bóveda.

Rodeada de flores que el pueblo y en especial las mujeres en estado de gestación le depositan como ofrenda al solicitar su ayuda en asuntos humanos de diversa índole. No existe una tumba en ningún cementerio de Cuba que muestre más flores frescas que el panteón de "La Milagrosa" en la Necrópolis de Colón.

Pero ninguna leyenda ha tenido tanto arraigo e influencia en la literatura, las artes plásticas, la etnología y la antropología, como las referidas a los güijes. El antropólogo y etnólogo cubano Fernando Ortiz, en su libro "Historia de una pelea cubana contra los demonios", nos dice: "El Güije es un vocablo de origen africano que se utilizó para nombrar a los duendes de los ríos, charcas y lagunas". En efecto, el güije es el gnomo o duende cubano por antonomasia.

Existe un documento apócrifo que se refiere al día en que Yahvé aparece ante Eva y por razones de las cuales se ha especulado mucho, Eva oculta a sus hijos y Él le dice: - "Esos que ocultas de mi presencia quedarán para siempre ocultos ante los ojos de los hombres". "Esos" que fueron ocultados de la presencia del omnisciente, quizás dieron origen en las leyendas referidas a las hadas, los gnomos, los duendes y los güijes.

Las descripciones de quienes han tenido encuentros cercanos de la primera especie con güijes hacen retratos hablados de seres de tipo humanoide, de un tamaño aproximado al de un niño de 5 años, negros, muy velludos y que habitan en los charcos, ríos y presas de agua dulce.

Las leyendas cubanas recogen güijes cantores, voyeristas, bebedores, juguetones, raptores, asaltadores y ladrones que asustan a quienes los ven, por poseer capacidades que les permiten transfigurarse y adoptar la apariencia de otros seres e incluso, desaparecer sin dejar rastros, ni huellas. Terribles por su malevolencia han sido mencionados a los investigadores "El Güije de Remedios" y "El Güije de Sagua".

Samuel Feijoo, periodista, escritor e investigador, en su libro "Mitología cubana" (1914), descubre en su investigación del campo cubano que las leyendas de los güijes sobrepasan cualquier otra leyenda en Cuba y que en algunas zonas de La Isla son llamados chichiricús.

En el Siglo XIX se narró de boca en boca una historia que llegó a conocerse como "La Leyenda del Charco" en la que dos guardias civiles persiguiendo a un bandido en Sagua la Grande, toparon en el camino con un güije y del impacto que les causó la visión trataron de balearlo, pero el güije desapareció repentinamente. De regreso a la guarnición, contaron lo ocurrido y su testimonio fue tan vívido que incluso se filmó en 1909 una película silente sobre este suceso.

Francisco Marín Villafuerte, Historiador de Trinidad, una de las urbes de mayor importancia cultural del país, publicó en 1945 "Historia de Trinidad", libro de 406 páginas ilustrado con 12 láminas. En este documento describe la peregrinación a "El

Charco del Negrito", el día de la celebración de San Juan Bautista, peregrinación religiosa que representa una expresión fidedigna del sincretismo religioso, dado el hecho que los pobladores de la ciudad de Trinidad creían fervientemente que un güije bautizaba a los niños que iban a bañarse en las aguas del río y que en ese instante el mismísimo San Juan Bautista se manifestaba en la persona del güije.

En las montañas del Escambray, se documentó otra leyenda sobre un güije enorme y alado que intentó secuestrar a una niña de 12 años, el güije no logró completar el rapto porque los campesinos de la zona donde se produjo el hecho lucharon contra él violentamente durante horas, hasta que el güije se vio obligado a huir desplegando sus alas.

Lidia Cabrera, antropóloga y etnóloga cubana, los menciona en su ensayo "La laguna sagrada de San Joaquín" (1993), resultado de la investigación que realizó en la provincia de Matanzas, en la cual concluye que en algunas zonas se consideraba a los güijes divinidades acuáticas comparadas con el mítico orisha Olokún de la Regla de Osha.

Don Manuel González, vecino de la ciudad de Remedios, después del derrumbe de la Ermita del Cristo, encontró documentos propiedad de la ermita en los que se recogían sucesos relacionados con el denominado "Güije de la bajada".

La egiptóloga y escritora cubana Julia Calzadilla, ganó el Premio Casa de las Américas con el libro "El Charco de la Jícara", declaró: "Quien no ha visto a uno de estos gnomos o duendes, es porque tiene algún impedimento visual" ...

Los güijes han aparecido con frecuencia en la pintura cubana. Hay muchas imágenes que evocan a estos personajes en los cuadros de Wilfredo Lam, Pedro Fowler, Armando Larrinaga y Elvira de las Casas, entre otros artistas plásticos.

Güijes o chichiricús constituyen el cuerpo de leyendas más amplio y arraigado en la memoria colectiva de los campos y no han estado ajenas a la lucha por la sobrevivencia que han confrontado las creencias religiosas, las procesiones, las celebraciones y las fiestas populares. Las leyendas de los güijes han sido y serán parte integrante de la cultura cubana.

La mujer en la era de la globalización

Una introducción necesaria

Este documento recaba solidaridad para denunciar la situación de discriminación y marginación de la mujer contemporánea, realidad que es universalmente aceptada. Por tanto cuanto, La

In this picture from left to right: composer, writer and professor Reynaldo Fernández Pavón, candidate to doctor and professor Evelyn Laurent- Perrault, The Director of Education of Talleroje.org MA, Audrey Irizarry, and the activist and official from the Philadelphia jazz Project, Julia López during the panel that was held in the city of Philadelphia at Taller Puertorriqueño on March 7, 2015.

mujer en la era de la globalización, hace un llamado a todos los hombres de buena voluntad, intelectuales y artistas, profesionales, trabajadores en general, estudiantes y hombres de estado, para que no continúe postergándose sobre la tierra la consecución de legislaciones que sean permanentemente monitoreadas por tribunales nacionales e internacionales y que de forma definitiva garanticen la protección física, psíquica y espiritual de las mujeres, así como la creación de carteras ministeriales de igualdad, cuyas funciones permitan la instauración de instituciones y políticas que velen por el ejercicio irrestricto de los derechos de la mujer y permitan su plena participación política y social en todos los rincones.

Ninguna acción en este sentido deberá ser considerada suficiente hasta el logro pleno de estos propósitos.

Lecciones de la historia

Ha sido demostrado históricamente que las buenas voluntades y las declaraciones sobre la igualdad de derechos no han significado necesariamente la consecución de estos nobles objetivos.

En Estados Unidos de América en 1787, siguiendo los ideales de la Ilustración Francesa, la joven nación americana emerge al concierto de naciones creando una democracia constitucional que redacta una constitución considerada la más antigua constitución que se encuentra en vigencia; declaró en su preámbulo que se establecía para asegurar a sus descendientes los beneficios de la libertad, sin embargo esos derechos políticos para hacerse extensivos a las mujeres y los negros tuvieron que ser resultado de arduas luchas por los derechos civiles que se protagonizaron hasta la segunda mitad del siglo XX.

La Revolución Francesa redactó la Declaración de los Derechos del Hombre y del Ciudadano, desafortunadamente en la práctica, no incluyó los derechos políticos y sociales de las mujeres.

Desde el siglo XVIII los tiempos modernos han sido testigos de movimientos sufragistas, feministas y de mujeres trabajadoras del campo y la ciudad en todos los continentes. Estos movimientos generaron ideas políticas y conceptos progresistas reflejados por Simone de Beauvoir y Betty Friedan con la publicación en 1949 de El Segundo Sexo, y en 1963, La mística de la femineidad; obras que tambalearon la armazón de los antropólogos que proclamaron durante siglos la superioridad de los hombres sobre las mujeres, concepción que condicionó los prejuicios que condenaron al llamado "sexo débil" a la discriminación y a la marginación.

La discriminación por sexo, desde el punto de vista teórico y antropológico, converge en una coordenada de la práctica social con la discriminación por religión, orientación sexual, raza y clase social, y es en sí, una de las causas que no han permitido a la sociedad contemporánea salir de la prehistoria y entrar en la historia.

La mujer ha sido discriminada a nivel de la sociedad en su conjunto por género, a lo que debe añadirse que, en la mayoría de los países de Asia, África y América Latina, durante la época colonial y neocolonial, la segregación y marginación se proyectó respecto al origen, color y las creencias religiosas de los colonizados por parte de las metrópolis. En esas condiciones históricas, la mujer fue víctima, durante siglos, de la opresión en el marco de la pareja por razón del contrato social que ha significado el matrimonio, otorgándosele la función de procrear, cuidar de la dependencia y la entera responsabilidad de las labores del hogar.

1975 fue proclamado "El año Internacional de la mujer" por las Naciones Unidas, esta decisión ayudó a que los gobiernos se esforzaran por mostrar en sus vitrinas una imagen menos

creencias propias dentro de la ley.

j. El derecho a tener igualdad de acceso a las funciones públicas de su país y a participar en los asuntos públicos, incluyendo la toma de decisiones."

Las conferencias mundiales sobre la mujer han creado una base teórica sin precedentes en los anales de la historia sobre el tema de la igualdad de género que puede ser utilizado para concretar las acciones gubernamentales en materia de equidad. Las declaraciones de estas conferencias han sido debidamente documentadas e inspiradas en el espíritu del derecho internacional y de la Declaración Universal de los Derechos Humanos, de la que son signatarias la mayoría de las naciones.

En La I Conferencia Mundial sobre la Mujer de México (1975) se proclamó por la Asamblea General el Decenio de las Naciones Unidas para la Mujer.

En la II Conferencia de Copenhague (1980) se lograron programas de acción en temas relativos al empleo, la salud y la educación.

En la III Conferencia, Nairobi (1885) se logran firmar documentos que constituyen iniciativas a adaptar a nivel regional e internacional para promover el reconocimiento social del papel de la mujer y el ejercicio de sus derechos humanos.

La Conferencia Mundial sobre la Mujer de Beijing (1995) redacta una declaración de principios sin carácter vinculante.

En un sentido legal, estos documentos podrán influir sobre la jurisprudencia en la medida en que los magistrados los consideren como "principios generales del derecho". Pero su sentido más importante es el de servir como bandera del movimiento de mujeres en la lucha por las reformas y como instrumentos para medir los avances gubernamentales y exigir cuentas a los estados respecto de los compromisos adquiridos" (Mala N. Htum, 1998).

En 1997, el Consejo Económico y Social de las naciones Unidas (ECOSOC) define el concepto de la transversalización de la perspectiva de género y crea una estrategia para conseguir la igualdad entre hombres y mujeres conocido como Programa de las Naciones Unidas para el Desarrollo de la Equidad de Géneros (PNUD) que derivó en la aplicación de programas nacionales con similares propósitos.

En octubre de 1999, la Asamblea General de la ONU aprueba el Protocolo Facultativo de la CEDAN sobre la eliminación de todas las formas de discriminación sobre la mujer, que firma y ratifica en el 2,002.

En septiembre del año 2,000, 189 jefes de estado se reunieron en la sede de las naciones Unidas para celebrar la cumbre del milenio. Se plantea respetar y defender la dignidad humana, la igualdad y la equidad y alcanzar una paz justa y duradera en todo el mundo, lograr que la globalización se convierta en una fuerza positiva para todos los habitantes del mundo y se acuerdan los "Objetivos de Desarrollo del Milenio:

1. Erradicar la pobreza extrema y el hambre
2. Lograr la enseñanza primaria universal.
3. Promover la equidad de género y la autonomía de la mujer.
4. Reducir la mortalidad de los menores de 5 años.
5. Combatir el VIH/SIDA, el paludismo y otras enfermedades endémicas.
6. Mejorar la salud materna.
7. Garantizar la sostenibilidad del medio ambiente.
8. Fomentar la asociación mundial para el desarrollo.

Un análisis ulterior de los acontecimientos nos permite ver a las claras que, a fines de la primera década del siglo XXI, los objetivos del milenio están muy lejos de convertirse en realidades; la gobernabilidad y estabilidad de las sociedades, la igualdad en todas sus manifestaciones, y la democracia misma dependen hoy en alto grado del logro global de esos propósitos.

En el 2004 fue celebrado el décimo aniversario de la Convención de Belém para prevenir, sancionar y erradicar la violencia contra la mujer: ¡Es tiempo de actuar! Fue la consigna de casi cien organizaciones que con Amnistía Internacional firmaron un documento en el cual se declaraba que "con frecuencia estos actos permanecen impunes y que no son pocos los casos en que los estados no investigan imparcial y efectivamente las violaciones cometidas por sus propios agentes. También es frecuente que cuando los autores de tales actos de violencia son particulares no se actúa con la debida diligencia requerida por la convención de Belém do Pará, pues no se toman medidas razonables para investigar e identificar a los responsables e imponerles las sanciones pertinentes" (lo cual, en nuestra opinión de hecho, significa una forma de complicidad oficial con los perpetradores del delito que no es ignorada por estos).

En otra parte del texto se menciona que "El Sistema Interamericano de Derechos humanos ha planteado logros en cuanto a la determinación de obligaciones concretas de los Estados sobre la eliminación de los fenómenos de violencia contra las mujeres" ... "recomendaciones y decisiones de la Corte Interamericana de Derechos Humanos y su Relatoría sobre Derechos de la Mujer" .... "Así como diversas decisiones de la Corte Interamericana de Derechos Humanos. Sin embargo, tales esfuerzos de los órganos de supervisión resultarán siempre insuficientes para superar la situación si los estados partes no asumen claramente los compromisos establecidos en la Convención de Belém" y concluye afirmando el objetivo de este documento, a saber, que no pueden demorarse más las medidas que ayuden a desterrar la violencia y la discriminación de la mujer.

Los informes de las instituciones oficiales captaron

parcialmente la igualdad entre géneros y la autonomía en las materias de educación, empleo y participación política. La implementación y cumplimiento de los acuerdos de las reuniones internacionales anteriormente citadas por parte de los gobiernos ha sido decepcionante. El Banco Interamericano de Desarrollo, el Banco Mundial y El Banco Africano de Desarrollo, importantes donantes que destinan recursos económicos al logro de las metas relativas a la consecución de la igualdad entre géneros, adoptaron desde la reunión de Beijing planes de acción que en la práctica siguen siendo insuficientes para erradicar la brecha que existe entre los acuerdos y los hechos.

En el año 2001, un tercio de la población mundial, 2,000 millones de personas, se encontraban en situación de desempleo o subempleo. Según cifras de la Organización Internacional del Trabajo (OIT) 160 millones eran desempleados declarados. Estas cifras globales en las que las mujeres representan el mayor porciento muestran un panorama social extremadamente crítico para la sociedad humana en los albores del siglo XXI, en momentos en que los enfrentamientos de carácter ideológico y religioso ganan una fuerza tal que es difícil predecir sus ulteriores consecuencias.

Otro peligro de igual o mayor importancia se nos aproxima; en las últimas décadas los científicos del planeta han estado insistiendo en que el daño ecológico, el calentamiento de la capa terrestre, el proceso de extinción de muchas especies, la destrucción de la capa de ozono por las emisiones de gases a la atmósfera y la galopante carencia en algunas regiones del mundo de un recurso natural tan importante para la vida como el agua, avanzan indetenibles ante los oídos sordos de los poderes de la tierra, los países latinoamericanos, a pesar de ser los que menos emiten gases causantes del efecto invernadero estarán expuestos como ninguna otra región a los efectos del cambio climático.

La falta de agua potable y el aumento de las temperaturas, tendrá como consecuencia un incremento de enfermedades tropicales, tales como, el paludismo, la malaria y el dengue; las catástrofes asociadas al calentamiento terráqueo repercutirán en el detrimento de la calidad de vida de la mujer y de su familia, causando pérdidas millonarias a los estados.

Como rasgo positivo este recuento nos permite arribar al criterio de que existe un consenso internacional para que se produzca un salto cualitativo y cuantitativo en la solución de la problemática histórica de la mujer en la sociedad humana, y por otra parte, el análisis de lo que se ha logrado hasta hoy en dicha materia, nos lleva a la conclusión de que la única vía para que se produzca ese salto y eliminar paulatinamente la discriminación por razones de raza, religión sexo u origen social, será a través de la integración de dichos derechos al cuerpo jurídico y a las legislaciones laborales de las naciones, traducidas en leyes, normas y sanciones pertinentes bajo la observancia permanente de las organizaciones e instituciones capaces de redactar informes a la comunidad internacional que reflejen críticamente la aplicación de los mecanismos para prevenir y erradicar la discriminación y la violencia contra las mujeres.

Una experiencia que hay que tener en cuenta se produjo en el escenario político el 26 de enero del 2000, ocasión en la que La Asamblea Nacional Francesa aprobó un proyecto de ley que impone la paridad en participación de hombres y mujeres en las listas electorales bajo pena de multas o reducción de las subvenciones públicas al partido que no las cumpla.

Participación Política

La participación de la mujer en el poder político se refleja claramente en la participación en los parlamentos. Las mujeres representan más de la mitad de la población de este planeta. Hasta los albores del siglo XXI, el porciento de mujeres en los parlamentos nacionales era de un 13 %. En el 2,008 17.7 % son legisladoras y el 16 % ocupan cargos ministeriales. Sólo el 10 % de las mujeres son presidentas de parlamentos y de 192 jefes de gobierno sólo 8 son mujeres que representan el 4,2 %. Si no se incorpora el concepto de género en la política pública de los países la paridad en los parlamentos no se alcanzará a los actuales ritmos de crecimiento en el año 2,050.

La mujer en América latina

En la década del noventa se apreció una tendencia a la implantación de sistemas de cuotas para cargos internos y participación parlamentaria, pero la elección de un mayor número de mujeres no está en ocasiones determinada por el por ciento de cuotas sino por las características de los sistemas electorales y el respaldo de los partidos a sus candidatas. Argentina, Bolivia, Brasil, Costa Rica, República Dominicana, Ecuador, México y Perú han adoptado cuerpos legales que obligan a los partidos políticos a destinar hasta un 30% de las candidaturas a mujeres. La presencia de mujeres en los parlamentos latinoamericanos en el 2008 es de un 20 %.

En América Latina hemos tenido en años recientes dos presidentas (Argentina y Chile), tres vicepresidentas (Costa Rica, Perú y El Salvador) y el 25 % de los ministerios han sido ocupados por mujeres.

Más del 40 % de las mujeres latinoamericanas trabajan en el sector informal de la economía. En Paraguay, Nicaragua, Ecuador, El Salvador, Colombia y Perú las estadísticas son superiores al 60 %. Ocupaciones temporales que las devuelven irremediablemente a la desocupación lo cual representa una verdadera tragedia teniendo en consideración que un tercio de las mujeres latinoamericanas carga sobre sus hombros la responsabilidad del hogar sin gozar de mínimas condiciones de protección social y de seguridad laboral. Las mujeres en América latina laboran masivamente en el sector de los servicios que es el peor remunerado.

Las reformas agrarias de la década del 60 no favorecieron a la mujer que en el sector rural continúa siendo la única responsable del trabajo doméstico. Recientemente Colombia, Costa Rica, Honduras y Nicaragua han puesto en vigencia disposiciones legales para la titulación conjunta de la tierra para hombres y mujeres que deberían implementarse en el resto de los países de América Latina y el Caribe.

La OIT ha considerado que el aumento de la participación femenina en el acceso al trabajo podría representar un factor decisivo en la reducción de los niveles de indigencia de esta región del mundo siempre y cuando se apliquen políticas sociales que permitan la creación de fuentes de trabajo "decentes" y ha solicitado a los gobiernos fortalecer las legislaciones en materia de maternidad.

La falta de estabilidad política y de una estrategia sostenida para el desarrollo ha determinado una reducción considerable del flujo de capitales hacia la América Latina y el Caribe. Las dificultades para encontrar financiación externa, la debilidad global y la caída de los precios de las materias primas, determinan que ésta sea una de las regiones del mundo con menor ritmo de crecimiento económico. Se pronostica el crecimiento en un 3,2 por ciento durante el 2009, comparado con el 4,6 por ciento previsto por el Fondo Monetario Internacional (FMI), con una inflación de un 7,9 por ciento. Esta realidad se traduce en el incremento de la pobreza; el número de hambrientos aumentó en 6 millones de personas, reveló la Organización de las Naciones Unidas para la Agricultura y la Alimentación (FAO). Más de 40 millones de niños sobreviven a duras penas en los países de América Latina.

La mujer latinoamericana es confinada a actividades de baja productividad y de bajos ingresos que no le permiten siquiera cubrir las necesidades básicas de alimentación de sus hijos. La pobreza multiplica las barreras que enfrentan a los hombres y a las mujeres latinoamericanos en el acceso a los empleos. Algunas empresas se muestran renuentes a contratar mujeres a jornada completa. La promoción salarial y profesional está determinada por los estereotipos y los prejuicios machistas de estas sociedades. Las mujeres apenas tienen acceso a ocupar cargos de la administración pública y del sector privado.

Las empresas de América Latina no consideran la adopción de políticas de discriminación positiva para promover a las mujeres a cargos de ejecutividad y las transnacionales que practican la discriminación positiva en los países desarrollados no asumen estas políticas en sus empresas en la América Latina y el Caribe.

La violencia y el abuso doméstico

La violencia contra las mujeres y el abuso doméstico se han convertido en males endémicos a la vista de un mundo que parece aceptar el hecho de convivir con estas tragedias y otras tales como el abuso infantil y las nuevas modalidades de esclavitud.

La violencia doméstica es un problema ampliamente extendido. Agencias de la ONU reportan que la región sufre una pandemia de violencia contra la mujer. El 41% de las mujeres dedicadas al trabajo doméstico son víctimas de violencia (International Data Base - IDB 1997). La mayor parte de los esfuerzos para prevenir la violencia contra las mujeres y castigar a los victimarios se han realizado en las ciudades. Las mujeres de áreas rurales se encuentran a merced de los abusadores por no contar con protección jurídica ni ayuda de los órganos represivos de los estados.

En algunos países la no observancia de los derechos legales de las mujeres no está determinada por la falta de legislaciones sino por la falta de vigilancia en la aplicación de las legislaciones existentes.

Un aspecto que podemos considerar alentador es el referido a la expectativa de vida de la mujer que era de 54 años en la década del 50, de 64 años en los 70 y es de 71 años en la actualidad. Las cifras desagregadas por país oscilan entre un máximo de 71 años (Costa Rica) hasta un mínimo de 61 (Bolivia).

(Facultad Latinoamericana de Ciencias Sociales - FLACSO 1995)

La mayor parte de los analfabetos son mujeres sin embargo se ha logrado un incremento de la presencia en las universidades que sobrepasa el 50 % del total estudiantes.

Las mujeres de zonas campesinas pobres tienen la menor tasa de escolaridad de todas las clases sociales.

En América Latina se han logrado diversos avances en la promoción de los derechos de las mujeres en el área de prevención de la violencia doméstica en las zonas urbanas en materia de salud en algunas naciones, las mujeres mueren a causa de infecciones, cáncer cervicouterino y de hemorragias. 500,000 mujeres mueren cada año durante el embarazo según datos del Fondo de las Naciones Unidas para la Infancia (UNICEF).

Hay que desarrollar una inmensa obra para lograr el acceso de la mujer a los de servicios de salud pre-maternos, durante la maternidad y después del parto, así como a la educación sexual, la planificación familiar y a la medicina preventiva y social.

Medios de comunicación masiva y la imagen

La televisión, el cine, y los medios de comunicación masiva y el internet, están jugando cada día un papel de mayor importancia en la sociedad globalizada; deben establecerse códigos éticos en relación con la explotación de la imagen de la mujer en tales medios.

La cultura audiovisual o de la imagen afecta la constitución subjetiva de los seres humanos e influye en la capacidad de abstracción cuando invierte la evolución sensible de lo inteligible y produce reduccionismos que obstruyen la comprensión de los conceptos.

La educación será un hecho tan importante como la consecución de políticas, mecanismos y legislaciones en el proceso de creación de nuevos conceptos culturales y actitudes sociales en relación con la discriminación por raza, sexo, origen o preferencias sexuales, sólo si practicamos la tolerancia a nivel global podremos lograr la paz duradera planteada en los objetivos de las Naciones Unidas para este milenio.

El acceso a internet es un tema insuficientemente tratado, especialmente en los países en vías de desarrollo. Una forma importante de acceder a puestos de trabajo se encuentra dentro de las llamadas redes de internet. El internet constituye hoy un medio de información vital para actualizar la información que poseemos y para acceder a los descubrimientos científicos y tecnológicos del mundo contemporáneo.

Las mujeres tienen que tener acceso al uso de los beneficios de la información y la comunicación. El acceso a la tecnología es hoy parte imprescindible del proceso de aprendizaje. Debe incorporarse la perspectiva de género a la información como un derecho.

Los mecanismos que se instrumenten para incorporar a la mujer a los beneficios de la tecnología deben realizarse en el doble concepto de usuarias y sujetos activos para que las mujeres tengan participación en las iniciativas de redes. Concebir la participación de la mujer en las redes de internet como sujetos pasivos es otra forma de discriminación condicionada por el paternalismo y los estereotipos de género.

Algunos logros que deben resaltarse

El primero y más relevante de los logros es la toma de conciencia generalizada respecto a que el problema de la mujer en nuestros países existe y hay que resolverlo.

Las Convenciones Internacionales ratificadas por los países de la región han logrado sensibilizar las clases vivas y los gobiernos respecto a la necesidad de eliminar todas las formas de discriminación contra la mujer. Esta nueva actitud hacia esta problemática se ha puesto de manifiesto en las siguientes acciones:

Tomando en consideración los acuerdos de programa de Desarrollo de la Equidad de Géneros adoptado por las naciones Unidas, la mayoría de las naciones latinoamericanas elaboraron planes y programas acordes con sus problemáticas y condiciones específicas.

En la mayoría de las naciones de América Latina y del Caribe Se han elaborado mecanismos para combatir la discriminación de la mujer creando condiciones para una igualdad de oportunidades mediante la incorporación de enmiendas en la legislación y la fiscalización de las condiciones laborales de las mujeres para impedir las prácticas discriminatorias.

La XV conferencia Interamericana de Ministros de Trabajo efectuada en septiembre del 2007 después de estudiar los informes de la OIT sobre la situación laboral de las mujeres en la región redactó un informe titulado "Igualdad de Género para el

Trabajo Decente" en el que se recopila y ordena un conjunto de políticas y programas orientados a la igualdad de género que tienen como objetivo inmediato el fortalecimiento de los Ministerios de Trabajo para lograr la efectiva transversalización de género en su operación, políticas y programas en los países participantes del cónclave.

En el 2005 a través de la Constitución de Consejo de Ministras de la Mujer Centroamericana (COMMCA) esta región comenzó a contar con un órgano que estudia y hace recomendaciones sobre asuntos políticos, sociales culturales y ambientales con el propósito de que se instrumenten políticas para mejorar la situación de las mujeres.

En marzo del 2008, las representantes de los Mecanismos de la mujer en la región Andina (MNMRA) conformaron la "Red Intergubernamental de Mecanismos Nacionales para el Adelanto de las Mujeres de la Región Andina" con el propósito de fortalecer institucionalmente la participación política de las mujeres.

No obstante reconocer algunos logros en materia de políticas gubernamentales que han mejorado la incorporación de la mujer en diferentes esferas y los avances en favor de los derechos de las mujeres de América Latina y el Caribe, La CEPAL advirtió que la situación económica de la región "pone en riesgo" los logros de la equidad de género obtenidos hasta ahora. Haciendo especial énfasis en que las mujeres afro- descendientes e indígenas, se encuentran en condiciones de extrema desprotección y vulnerabilidad, debido a la discriminación racial existente de los países de esta región.

Conclusiones:

En el año 2014, la base de datos estadísticos del Centro Nacional de Derecho de la Mujer muestra que sólo en los EE. UU. 18 millones de mujeres viven en la pobreza, la tasa más alta en los últimos 20 años.

Datos de la ONU y la UNICEF reflejan que el mundo cuenta con 150 millones de niños en la calle y 19.000 madres perderán a sus hijos diariamente por enfermedades asociadas a la falta de nutrición.

Estimados de la Organización Internacional para las Migraciones (OIM) menciona la trata de mujeres destinadas a la prostitución como el más lucrativo negocio ilegal después del tráfico de armas, y del tráfico de drogas.

La Oficina de las Naciones Unidas contra la Droga y el Delito (ONUDD) estima un número global de personas identificadas como víctimas de la trata de seres humanos en 2,5 millones y 20 más sin identificar por cada caso identificado, lo cual significa un estimado de 30 millones, 23,7 millones son mujeres y el 80% son explotadas por los capos de la prostitución por ciento que traducido significa un estimado de 19 millones de mujeres.

Después de analizar las más importantes declaraciones y

acuerdos con relación a la igualdad de género, discutidas y aprobadas en conferencias internacionales, un aspecto que merece mayor atención es el referido a la protección de la familia.

La familia es el núcleo de la sociedad humana. Hasta el momento la familia resulta una célula vital e insustituible. Hemos presenciado desde el siglo XIX tendencias demagógicas que han intentado destruir esta célula social como uno de los medios que justifican el fin de obtener y mantener el poder en el cual se cumple el axioma maquiavélico de "divide y vencerás". En la familia, sin lugar a duda, el papel de la madre es de un alto valor que no puede relativizarse pero que no es valorado socialmente al nivel de la función que desempeñan los hombres. El roll del padre durante siglos ha sido el de proveedor. La protección a la familia en la sociedad actual debe traducirse en la toma de medidas que tiendan a conservar las funciones de este núcleo social, primer eslabón en la formación de los seres humanos.

Hay que crear los medios básicos que permitan la calidad de las relaciones familiares con acciones concretas por parte del estado. La estabilidad de la familia se encuentra amenazada diariamente por las extensas horas de la jornada laboral, las distancias a las que deben trasladarse las trabajadoras, la falta de protección laboral y de beneficios médicos y los bajos salarios, impiden a las mujeres garantizar la manutención de sus hijos.

Un estado de derecho debe crear las bases para que las condiciones de trabajo sean compatibles con la existencia misma de la familia. Es impostergable que a todos los niveles de la sociedad se materialice el respeto a la maternidad y a la protección de las madres, especialmente de las madres solteras y desempleadas. La mujer no es sólo el laboratorio natural de la especie humana, sino que tiene mayor responsabilidad en la protección y supervivencia de cada ser humano que viene a este mundo.

La revalorización del trabajo doméstico no se ha tratado en las reuniones internacionales con la profundidad necesaria producto de que todavía subsiste, en la conciencia social, el concepto estereotipado, que tipifica el trabajo doméstico y el cuidado de la dependencia como una "subactividad".

En América Latina las condiciones peores de existencia las tienen las mujeres indígenas y las minorías. Es realmente un hecho surrealista que en un continente cuyos nativos son las culturas aborígenes desde Alaska hasta la Patagonia, los indios estén marginados y condenados al retraso económico y cultural.

Las mujeres indígenas necesitan hoy de la protección y atención de la Organización de Estados Americanos, de la Asamblea General de las Naciones Unidas, de las organizaciones de derechos humanos y de todas las organizaciones e instituciones firmantes de la declaración del X Aniversario de los

Acuerdos de la Convención de Belém do Pará.

Es tiempo de crear un marco jurídico que responda a las dramáticas realidades que confrontan las mujeres en el mundo. Las conferencias mundiales sobre la mujer, los acuerdos de la Asamblea General de las Naciones Unidas y las medidas que han adoptado los estados miembros en las tres últimas décadas en relación con la equidad de género, han creado las condiciones subjetivas que permiten la instauración de una cultura jurídica de género entre la población y las instituciones de toda índole.

Si realmente queremos legar a nuestros hijos un mundo mejor, en el cual la coexistencia pacífica y la calidad de vida sean una prioridad, estamos urgidos de una filosofía que reconozca y tolere las diferencias y que diseñe estrategias políticas, legislaciones y mecanismos que garanticen la igualdad de oportunidades a todos los seres humanos del planeta y especialmente a las mujeres.

Sólo procediendo con la urgencia que reclaman estos tiempos, la humanidad dejará atrás el largo y doloroso parto de la prehistoria y pasará del reino de la necesidad al reino de la libertad.

No podemos vivir con la percepción de que esta tragedia no tiene solución.

Los ideólogos de la globalización nos están enviando el mensaje de que no podemos cambiar el mundo y ese concepto es falso.

Las soluciones existen en el plano jurídico de los estados de derecho, a través de leyes nacionales e internacionales que sean monitoreadas consecuentemente y con la creación de Departamentos de Igualdad de Género para la ejecución, aplicación y verificación de los derechos de las mujeres. La violencia contra las mujeres y la violencia doméstica se ha convertido en un hecho endémico, al igual que el abuso infantil.

Investigaciones recientes de UNFPA muestran que casi el 35% de las mujeres (más de mil millones) han sido víctimas de violencia sexual o física en el mundo de hoy y en la mayoría de los casos, el castigo a los perpetradores no se corresponde con el daño causado a sus víctimas.

La evidencia del abuso sexual o físico se debería considerar como figura suficiente para acciones y ramificaciones de carácter legal, pero en muchos casos las víctimas tienen que convertirse en acusadores, procedimiento legal que impide que dichas víctimas puedan escapar del ciclo del abuso.

Las víctimas de abuso físico también muestran secuelas de maltrato psicológico, dentro del ciclo del abuso, el niño, la mujer, o ambos, no acusan al agresor, paralizados por el terror y el pánico. En esta situación, los abusadores actúan con impunidad. Sólo con una debida comprensión del ciclo del abuso y su adecuada interpretación en las legislaciones a nivel de los estados, podrá impactar positivamente los rangos actuales de violencia contra las mujeres y de violencia doméstica.

Debe cesar la explotación de la imagen de la mujer como objeto sexual en los medios de comunicación masiva, la libertad de expresión no puede ser interpretada como el derecho de ofender la dignidad humana, ignorando los derechos del otro.

La educación es tan importante como el logro de políticas, mecanismos y legislaciones en el proceso de creación de una cultura de la tolerancia y la equidad.

La reconciliación del hombre con la mujer hará posible la reconciliación de la raza humana y de los seres humanos con el resto de las especies y con la naturaleza y ese nuevo pacto permitirá la sostenibilidad de la armonía entre nuestro pequeño planeta y el Universo, sólo entonces, la supervivencia de la raza humana será posible.

CITAS:

- Constitución de los Estados Unidos de América, EUA, 1787.

- Declaración de los derechos del Hombre y el Ciudadano, Asamblea Nacional Constituyente, Francia, 1789.

- Acuerdos de la Convención Interamericana para prevenir, sancionar y erradicar la violencia contra la mujer.

- Declaración de la I Conferencia Mundial sobre la Mujer de México, 1975.

- Declaración de la II Conferencia Mundial sobre la Mujer de Copenhague, 1980.

- Declaración de la III Conferencia Mundial sobre la Mujer de Nairobi, 1985.

- Declaración de la IV Conferencia Mundial sobre la Mujer de Beijing, 1995.

- Programa de las naciones Unidas para el desarrollo de la Equidad de Géneros, (PNUD), 1997.

- Protocolo Facultativo de la CEDAN, Asamblea General de la ONU, 1999.

- Objetivos de Desarrollo del Milenio, Naciones Unidas, 2000.

- Pronunciamiento de Amnistía General Internacional y las organizaciones firmantes en el X Aniversario de la convención de Belém do Pará, 2004.
- Examen y evaluación de la aplicación de la plataforma de Acción de Beijing: informe del Secretario General. (E/CN.6/2000/PC/2)
- Datos de la Organización Internacional de Migraciones (OIM) sobre el tráfico de mujeres en la América Latina. 2007.
- Reportes y Cifras y de la Organización Internacional del Trabajo (OIT) sobre desempleo y acceso de la mujer al trabajo, 2006-2007.
- Reportes y cifras de la UNICEF sobre la salud de la mujer en América Latina.
- Informe de Ginebra. Schmidt, Dorothea 2008.
- Situación jurídica de la mujer rural de diecinueve países de América Latina, (FAO) 1998.

Bibliografía

Aspectos jurídicos en el acceso de la mujer rural a la tierra en Cuba, Honduras, Nicaragua y la República Dominicana. Galán, B. 1998.

El Segundo Sexo. De Beauvoir, Simone 1949.

La mística de la femineidad. Friedan, Betty 1963.

Derechos y Oportunidades de la mujer en América Latina, Htum. Mala N. 1998.

Acerca del habla y la educación formal entre cubanos

Un tema muy llevado y traído es el referido al habla y la educación formal entre cubanos. Ante todo, debemos reconocer que cientos de miles de profesionales, intelectuales, técnicos, profesores, artistas y trabajadores de todas las esferas hablan correctamente el español y se proyectan como personas educadas. Entre cubanos, dentro y fuera de la isla, hay marginales que se proyectan como tales, pero no representan ni tipifican a otros estamentos de la sociedad.

Miro con preocupación que haya ciudadanos que, conociendo perfectamente las causas de nuestros males, se sienten en la superficial comodidad de una aparente sabiduría a ejercer la crítica sin proponer soluciones. No creo que se peque por ignorancia, pues se muestran sapientes en la crítica de las formas y el verbo, a la vez acéfalos para trabajar la corrección de un fenómeno estrictamente fechado por condicionamientos sociohistóricos y políticos. Más allá de cierta mala intención y de resentimientos, se desprecia a nuestro pueblo como un todo, y lo que es peor, se asume su incapacidad de redención. Responsabilizar a nuestro pueblo de las consecuencias que ha generado la ejecutoria de sus opresores entra ya en el terreno de la complicidad. Ya no sólo nos odian los que desde el poder nos dividen y destruyen; a esa tarea malvada y antinacional, se incorporan sectores que antes se presentaban como críticos del régimen. Hasta ese punto hemos llegado.

Lo que urge —y esto va dirigido a quienes "hablan correctamente el español"— es hacer público qué debería hacerse para superar el maltrato del idioma y mejorar la educación (manifestaciones que más allá de un aspecto formal representan una expresión de valores) en el presente y el futuro. Exponer puntos de vista con la pasión por la excelencia de hombres ilustres como Carlos Manuel de Céspedes e Ignacio Agramonte, quienes se abrazaron con los negros esclavos y los trabajadores y campesinos humildes en la manigua redentora, poniendo el prestigio personal, la educación y la cultura, en función de prestar un servicio a la nación a la que ofrendaron sus vidas.

Han llegado a conmover la sensibilidad de muchos analistas, los textos agresivos del reggaetón que han puesto en tela de juicio la situación en la que se encuentra el panorama musical de la isla. La actual crisis de esta disciplina artística no tiene ninguna relación con los músicos, compositores y musicólogos cubanos que siguen siendo talentosos y profesionales; se trata de la política de difusión y promoción de los contenidos artístico - musicales y los espectáculos en vivo, que sirven a los postulados dirigidos a la descomposición ética de la ciudadanía, en un estado dueño absoluto de los medios masivos de difusión que juegan un papel decisivo en la formación de los gustos, preferencias y patrones de conducta, propiciando todo lo que permite a los ciudadanos comportarse como masa, mientras se reprimen los pronunciamientos y propuestas donde se alienta un comportamiento ciudadano.

¡Da pena leer que un grupo de jóvenes en La Habana, en vez de compartir y comunicarse mutuamente, lleguen a agredirse en un bailable! Pero es todavía más lamentable que quienes han comentado estos amargos sucesos a través de las redes sociales y la prensa, no vean que esa agresividad mal encausada es una consecuencia de la frustración que la realidad les provoca y el texto de las canciones, una evidente proyección sicológica.

No podemos olvidar que todas las generaciones han tenido expresiones de rebeldía y de protesta; característica propia de la sicología de esa etapa de la especie humana. El Rock agredió las clases vivas de "The American way of life" en la década del 50. Este género de la música norteamericana, no se enfrentó a prohibiciones gubernamentales, sino todo lo contrario, la industria de la música lo asimiló. El Rap fue una manifestación musical muy controversial, que expresó el sentir de los afroamericanos respecto a los valores y conflictos de la sociedad en que vivían, reacción que la cultura oficial asumió como una manifestación artística valida y la internacionalizó como producto.

Las prohibiciones, lejos de promover soluciones a los conflictos, los recrudecen.

Lo que sede hacer es difundir la música cubana que ha cruzado todas las fronteras como embajadora de la cultura cubana y recuperar las tradiciones y celebraciones populares en todos los rincones del país, en las cuales, la música ha jugado un papel primordial desde los primeros asentamientos.

En Cuba, en la década del 50, radio Kramer y CMOX eran emisoras radiales que transmitían música norteamericana, programaban las grandes bandas de Jazz y los intérpretes que estaban de moda por aquellos años. Los discos de los grupos e intérpretes más populares de los Estados Unidos de América se vendían en las tiendas cubanas a la par que los discos de los intérpretes del patio. Los más grandes músicos de concierto y de la música popular, de América del Norte, de Nuestra América y de Europa actuaban en los teatros del país, en los cabarets y en los programas de la radio y de la televisión. Debemos preguntarnos ¿por qué esa presencia de intérpretes extranjeros no impedía que el Benny Moré actuara con su Jazz Band gigante y las pistas de los locales estuvieran repletas de bailadores?

Hay que interactuar sin paternalismos, analizar los conflictos existenciales de nuestros congéneres y dar respuesta a sus inquietudes. No estigmatizar a otros por sus desacuerdos y rechazar la doble moral que tanto daño ha hecho a la sicología colectiva. Mucho ayudaría al habla y la educación restituir los programas de Moral y Cívica desde edades tempranas y hacer al ciudadano común responsable de su comportamiento por la sanción más efectiva cuando se vive en una sociedad estructurada: la sanción moral.

¿Puede existir una sanción moral en una realidad donde se carece de las más básicas libertades o en un medio social donde el interés político del momento ha sido el fundamento de todas las normas de conducta? La variabilidad de los intereses políticos del régimen instauró el relativismo respecto a los valores y los conceptos éticos y morales con mayúscula, dejaron de funcionar para la mayoría, proyectándose el ciudadano común, en situaciones diversas, desde el imperativo pre-civilizado de la necesidad.

Se trata del genocidio cultural como práctica sistemática y la consecuencia de esta práctica es la miseria espiritual y material más profunda de la historia republicana, con los efectos negativos que la insatisfacción de las necesidades genera; y a la par, se han estimulado las peores actitudes de la cultura marginal, extrapolándolas a toda la sociedad en su conjunto.

Se ha borrado de la memoria colectiva el ejemplo y la presencia de la verdadera aristocracia cubana, la que integraron los mambises como Antonio Maceo, Máximo Gómez y Calixto García, quienes con su dignidad y decoro nos iluminaban. La cúpula del poder, reinventado la historia, nos ha sumido en un neo-oscurantismo en el que se impuso la falsedad de que vivimos en la prehistoria hasta el primero de enero de 1959.

Como consecuencia de la manipulación mediática y de la demagogia, hay quienes han llegado al convencimiento de que somos parte de un país de ignorantes y mal nacidos, una masa anodina de chusmas sin valores que no vale nada y que por tanto, tienen el sistema y los gobernantes que se merecen, para así fecundar un invernadero en el cual, después de seis décadas de totalitarismo, la sicología colectiva no concibe el cambio; la valoración de sí y para sí, ha sido hundida en el fondo de la demagogia populista y en esas circunstancias, se llegan a perder las esperanzas y hasta el amor propio. La única salida es huir del país, válvula de escape planificada por el sistema desde el éxodo de Camarioca hasta la fecha, y que le ha permitido cíclicamente evitar la confrontación con las clases vivas de la sociedad que hubiesen podido crear fisuras en el "orden establecido".

A los cubanos que viven en el exterior se les tipifica como "la Mafia de Miami" no importa el país donde se encuentren, ni la postura respecto a la política, el orden interior y los derechos humanos, y por otra parte, algunos cubanos en el exilio, se refieren a los que viven en la isla como una masa servil y anónima, sin que unos y otros tengan consciencia de que ambas posiciones le hacen el juego al poder, reforzando la idea vil de que somos una nación donde no hay posibilidad de cambio ni de relevo generacional.

Cada día cobra más mérito la postura de José Julián Martí y Pérez, escritor que poseía una cultura muy superior a la de los hombres cultos de su generación. Catedrático en Historia de la Filosofía y Lengua Inglesa y profundo conocedor de la literatura francesa, alemana e italiana. Organizó los preparativos para el inicio de la segunda guerra de independencia, en una nación con niveles muy altos de analfabetismo e ignorancia; y, sin embargo, no existe una carta o un ensayo de este intelectual de las Américas, en el que se refiera a sus congéneres con desdén. Martí se refirió a temas tan diversos como la música de Ignacio Cervantes, así como a las muestras colectivas de pintores europeos que alcanzaron la fama a fines del siglo XIX y en los albores del siglo XX, cuando eran literalmente desconocidos.

Las naciones latinoamericanas desde México hasta la Patagonia tienen problemas sociales, políticos y económicos que enfrentar; jamás he escuchado a un latinoamericano expresarse de sus compatriotas con el desdén con el cual se expresan de sí mismos algunos cubanos públicamente.

Cuando se hable de lo cubano, no insistamos en identificar este concepto con el absolutismo del poder o las actitudes negativas que han generado algunos individuos.

Las generaciones actuales y las que están por nacer necesitan saber que la Virgen de la Caridad del Cobre, Mariana Grajales, las madres que resisten con decoro y dignidad esa raza vil de hombres tenaces, son lo cubano. Brindis de Salas, José White, Severiano Heredia, Cirilo Villaverde, Carlos J. Finlay, Amadeo Roldán, Alejandro García Caturla, Rita Montaner, José

Raúl Capablanca, José Luciano Franco, Agustín Cárdenas, Wifredo Lam, Ernesto Lecuona, Aurelio Baldor, Celia Cruz, Ignacio Villa, Celina González, José Lezama Lima, Heberto Padilla, Tomás Gutiérrez Alea, Lázaro Ros y Carlos Acosta, son lo cubano. Los héroes del panteón y de la fragua, son lo cubano.

Los jóvenes que han devenido en jineteros y los que sobreviven sumergidos en los túneles del mercado negro, son una manifestación de la decadencia del sistema; seres humanos que habrá que rescatar y deben considerarse víctimas del reino de la necesidad y del totalitarismo castrista. Siento por ellos la misma compasión que experimentamos por los 140 millones de niños que viven en las calles del mundo hoy día; muchos de ellos tendrán que prostituirse para sobrevivir, pero sería una vileza condenarlos.

El presbítero Félix Varela anticipa con su vida y su obra que servir es una manera de luchar contra la injusticia. Murió lejos de la tierra que lo vio nacer, olvidado por los que participaban del banquete de rubios caldos de su tiempo. El maestro Varela nos legó su ejemplo y los cimientos sobre los cuales se construyó una nación con un lenguaje y una sicología común a partir de las creaciones incesantes de un pueblo que inscribió con letras doradas su nombre en el concierto de naciones y está viviendo una tragedia de proporciones incalculables desde la primera mitad del siglo XX.

Lo cubano late dentro y fuera de la isla simultáneamente, es un gen que espera las condiciones que le permitirán poner de manifiesto lo mejor de nuestro espíritu en todas las esferas de la actividad humana y del pensamiento. Es tiempo de superar las catarsis, de eliminar el choteo y de asumir posturas que junto la mayoría, puedan propiciar esas condiciones.

Acerca del programa de la Televisión Española *"Santería, ¿religión o estafa?"*

El día 23 de septiembre del 2015, en el horario de mayor teleaudiencia, el canal de televisión del Gobierno en la Comunidad de Madrid trasmitió un programa titulado *Santería, ¿religión o estafa?* que afirma como engaño el 80% de los oficios religiosos que se practican en este sistema religioso. A su vez, incitan a los pobladores a efectuar denuncias contra los practicantes de esta religión.

Leyendo las prédicas de las figuras religiosas de mayor trascendencia de todos los tiempos, podemos comprobar que esos personajes jamás predicaron el fanatismo religioso y mucho menos solicitaron adoración a sus nombres. Es realmente patético el nivel de intolerancia con respecto al otro que observamos hoy día y las manifestaciones de histeria colectiva que están dejando un alto precio en vidas humanas como consecuencia de los conflictos que se libran en el nombre de "Dios".

Es realmente dramático ver las matanzas que está generando el fanatismo religioso alrededor del mundo. En cuanto al tema del programa de la televisión que nos ocupa, comencemos por establecer que como en cualquier sistema humano entre los practicantes de la santería hay usureros y estafadores, lo cual no tipifica a sus feligreses.

No ha sido la usura y la estafa de los santeros y babalawos

la que ha llenado de riquezas las arcas de las naciones de los países desarrollados, ni han sido sus sacerdotes los que establecieron las indulgencias para conceder el perdón solo a aquellos privilegiados que podían pagar por ser exonerados de culpa.

En su inmensa mayoría los practicantes de esta religión son personas humildes, comunes y corrientes; en su hábitat marginal establecen sus centros ceremoniales y reciben a todos por igual; con independencia de las religiones que practican, de sus posiciones políticas e ideológicas o de la clase social a la cual pertenezcan, lo cual se traduce en una forma natural de independencia religiosa, como solía suceder en las colonias que poseía la corona española en las Américas, donde los ricos hacendados a escondidas, visitaban a los santeros, babalawos y paleros para resolver sus problemas terrenales, doble moral que se ha ejercido hasta hoy por las clases pudientes que a la vista de sus congéneres condenan y discriminan las religiones de procedencia africana.

Los que ofician la religión a la que se refiere el programa de televisión Santería, ¿religión o estafa?, han ocupado los niveles mayores de pobreza en Hispanoamérica; debemos recordar que sus antepasados no solicitaron ser trasladados a las tierras a las que con el uso de la fuerza los galonearon traficantes españoles, portugueses e ingleses. Se calcula que durante la llamada "trata negrera", unas cifras aproximadas a los 20 millones de seres humanos fueron arrancados del continente africano por los europeos que afirmaban, desde mucho antes, poseer sociedades y religiones más "civilizadas". No se ha podido establecer con exactitud la cifra de niños, mujeres y hombres que murieron en la travesía, o fueron lanzados vivos al Océano Atlántico para cobrar indemnización a las compañías de seguros de aquellos tiempos, como si se tratara de carga comercial. Aquellos que sobrevivieron ese holocausto, convertidos en esclavos en las Américas, vivieron la peor pesadilla de la que han sido testigos las naciones de este mundo.

Podrían escribirse libros sobre la odisea que supuso para los descendientes de africanos la conservación de sus prácticas religiosas y sus expresiones culturales, que resultaron un aporte vital en la creación de los nuevos pueblos y naciones a la que dio lugar el proceso de transculturación y el sincretismo religioso hasta bien entrado el siglo XIX. Citemos algunos hechos que pueden aportar luz al análisis del tema superficialmente tocado en el programa televisivo al que hemos hecho referencia:

No fueron los practicantes de la Regla de Osha los que llevaron a cabo Las Cruzadas, ni sus babalawos los que durante la Inquisición sumieron a Europa en el Oscurantismo, quemando en la hoguera a los científicos junto con los libros de ciencia, ni fueron ellos quienes con 50 instrumentos de tortura asesinaron en el cepo a todos aquellos que Torquemada consideró "brujos y brujas".

Los cultivadores de religiones de origen africano no vinieron con sacerdotes a las tierras de América para ser protagonistas de la extinción en 3 décadas de 100, 000 indios en la isla de Cuba, y con esa fuerza más, colapsar las civilizaciones de los aztecas, los mayas y los Incas, en sangrientas aventuras de conquista sucesivas; ni fueron sus practicantes los que despojaron a los indios de América del Norte de sus territorios condenándolos a vivir en campos de concentración llamados "reservas".

Los santeros a los que alude este programa de TV no participaron del reparto de tres tercios de las tierras de América, ni hicieron posible la acumulación originaria de capital del continente europeo con el saqueo de las riquezas de los territorios coloniales.

No fueron los practicantes del Palo Kimbissa o del Palo Mayombe quienes durante la Segunda Guerra Mundial asesinaron a 6 millones de judíos en una confrontación global que dejó un saldo de 60 millones de muertos a la Humanidad.

Los santeros no han sido parte del escándanlo generalizado de abuso sexual infantil del cual hemos sido testigos en época reciente, y en el cual, las víctimas eran aquellos niños que supuestamente se debían evangelizar.

La usura y estafa de algunos santeros por demás, no les ha permitido la construcción de iglesias, catedrales y centros ceremoniales en todos los continentes, adornados con oro, plata y obras de arte de los artistas plásticos más renombrados.

No ha habido antropólogos y etnólogos practicantes de la Regla de Osha cuyas teorías considerasen inferiores a otras naciones y etnias; ni han calificado nunca como "herejes" a los que no profesan su religión, ni califican como brujerías las ofrendas de palomas y becerros del pueblo hebreo presentes en el Antiguo Testamento.

Los creyentes del sistema religioso de los afrodescendientes no invaden territorios con la carga mortífera de la tecnología militar moderna o los que en el nombre de Dios decapitan seres humanos hoy en día.

Los santeros, "decentes o estafadores" (hay de todo en los jardines del Señor), no niegan a sus hijos los servicios médicos dejándolos morir si necesitan una transfusión de sangre.
No se ha juzgado en los anales de la historia de los Estados Unidos de América un asesino en serie que se haya declarado practicante de la Regla de Osha, al menos, que se tenga conocimiento hasta la fecha.

No es a los usureros y farsantes que pueden encontrarse entre santeros, babalawos y paleros a quienes los feligreses tienen que pagar religiosamente el diezmo de su salario mensualmente.

Este programa de televisión al que hacemos referencia en el enunciado y su incitación a denunciar a quienes practiquen la santería, nos hizo recordar las persecuciones que en los tiempos del cristianismo primitivo y de la esclavitud moderna provocaron la masacre de miles de seres humanos en conspiraciones punitivas.

Toda religión se basa en un sistema de creencias que tanto el sacerdote como el creyente comparten. Es un sistema basado en la fe, y no en el horizonte del conocimiento científico. Si un creyente de pronto no ve validada su fe en determinado sistema religioso, puede remplazarlo por otro o no adoptar ninguno, la fe es una experiencia individual intransferible.

Se supone que todo el que realiza una actividad donde consume tiempo y experiencia (los curas, los pastores, los rabinos, los imanes) de una forma u otra son pagados por alguien. ¿Podemos acusar al cura o al Papa cuando perdona en el nombre de Dios disímiles pecados? ¿Sólo se acusa por estafa a un determinado y selectivo sistema de creencias? Lo grave no es que los realizadores del programa y algunos entrevistados crean que ese sistema religioso es una estafa; lo realmente grave es que en un canal de TV de una comunidad autónoma de España se trate un tema religioso con los criterios heredados de la inquisición y se pretenda judicializar la práctica de un sistema religioso, con lo que se asume que hay sistemas religiosos infalibles y otros judicialmente condenables. Para eso no hay base filosófica. Estamos en el terreno de la judicialización de los prejuicios en la Europa del siglo XXI. Esos criterios se acercan de una forma u otra al horizonte filosófico del estado islámico.

Ejerzo la misma libertad de expresión que hizo posible la

realización de este "programa" de la televisión en Madrid el pasado 23 de septiembre para afirmar que las creencias religiosas son un derecho humano. Los creyentes deben ser protegidos a través del cuerpo jurídico y de las constituciones de los estados; perseguir y reprimir a los religiosos por sus prácticas es en una postura racista y discriminatoria que viola la Declaración Universal de los Derechos del Hombre y el derecho internacional, sea cual sea la religión que se practique.

El *Rostro de Latinoamérica en la Televisión*

En la sociedad moderna, la televisión, el cine, la prensa y los sitios de internet están jugando un papel relevante en la percepción que el individuo tiene del mundo, así como en los valores y la educación de los seres humanos. He seguido durante dos décadas la programación de los canales de televisión en español en los Estados Unidos de América y las cadenas de televisión de Latinoamérica, cuyas transmisiones pueden ser vistas al norte del Rio Bravo, es impactante la "doble moral" de estos medios que por una parte, ponen de manifiesto día a día las injusticias contra los inmigrantes latinoamericanos y el racismo del cual son víctimas dentro del sistema norteamericano, y simultáneamente, discriminan en sus programas de TV a los indios y a los afrodescendientes, relegados a la categoría de pueblos invisibles en los medios masivos de comunicación.

Es tiempo de establecer códigos éticos en relación con la imagen de los latinos en tales medios, la libertad de expresión no puede interpretarse como el derecho a marginar y convertir en pueblos invisibles a amplios sectores que contribuyeron históricamente a la creación de las naciones de Nuestra América, como la denominara en su tiempo José Martí.

La televisión, el cine y la prensa tienen que asumir la responsabilidad que poseen como medios de difusión de ideas y conceptos que ejercen influencia en la conciencia social, especialmente en la construcción de imágenes de la realidad, imágenes que poseen un efecto de significación en los individuos.

La cultura audiovisual o de la "imagen" afecta la constitución subjetiva de los seres humanos e influye en la capacidad de abstracción cuando invierte la evolución sensible de lo inteligible y produce reduccionismos que obstruyen la comprensión de los conceptos.

Los medios masivos ejercen un enorme poder de influencia y de persuasión en las conductas al provocar efectos cognitivos. No puede aceptarse pasivamente que estos medios ignoren los efectos que tienen en la conciencia humana la ausencia de millones de seres humanos determinada por el color de su piel o por su condición de clase, imagen que por ausencia, actúa en el subconsciente desde edades tempranas de manera subliminar; contribuyendo a eternizar la marginación y el racismo del que han sido víctimas la población nativa de nuestras naciones y los afro-descendientes, desde la conquista y colonización de América hasta nuestros días.

La descodificación de los mensajes que se dirigen a los televidentes es previamente codificada por especialistas de los medios, con objetivos cognitivos condicionados por los intereses del emisor del mensaje, sean anunciantes o propietarios de los medios, y en ocasiones pueden ser sofisticados, como los significados implícitos en el concepto de "mensaje subliminar".

La educación de las actuales y futuras generaciones será un hecho tan importante como la consecución de políticas, mecanismos y legislaciones en el proceso de creación de nuevos conceptos culturales y actitudes sociales en relación con la discriminación por raza, sexo, origen étnico o preferencias sexuales, sólo si entendemos la importancia de la representatividad en el Estado de Derecho. Un ejemplo de la transmisión de mensajes e imágenes negativas lo representa hoy día, en sentido general, la telenovela latinoamericana, en cuyas producciones las protagonistas son blancos y blancas con facciones caucásicas al estilo de la televisión americana -con contadas excepciones-; los trigueños y trigueñas por lo general son antihéroes o villanos, y los afrodescendientes e indios, relegados a papeles de sirvientes ridiculizados.

Son contados los locutores, animadores y actores de color frente a las cámaras de los programas de TV en español en los estados Unidos , y para colmo de males, los anunciantes, al producir comerciales para sus campañas de publicidad y venta, ni siquiera se preocupan de que esos pueblos invisibles aparezcan en la pantalla chica, como si esos seres humanos no representaran consumidores potenciales o efectivos del mercado, simplemente, la gente de color no existe en esa proyección de la doble moral de las clases vivas y los empresarios latinoamericanos que buscan a toda costa un espacio en los

Estados Unidos que les niegan a aquellos que no parecen blancos.

Similar postura se observa en las revistas y periódicos en español, en los cuales se rinde culto a las mujeres "sexis" y en muy contadas ocasiones se promueve el conocimiento de las latinas profesoras, investigadoras, parlamentarias, escritoras que representan a las mujeres que luchan en esta nación por la igualdad de géneros.

En el XVI Simposio Arturo A. Shomburg, efectuado en el Taller Puertorriqueño de Filadelfia el sábado 25 de febrero del año 2012, que tuvo como a tema de la Invisibilidad y Presencia en los medios masivos de comunicación, la Doctora Jossianna Arroyo-Martínez, Profesora Asociada de la Universidad de Austin, Texas, analizó en su ensayo el show "Esta noche tonight", como ejemplo de racismo en la televisión, un programa de la Mega TV, emisora de La Florida.

No puede continuar postergándose el análisis de la representatividad en los estados latinoamericanos por parte de las instituciones que tienen sobre sus hombros la responsabilidad de contribuir con los recursos a su disposición para que termine la filosofía de la discriminación y la segregación, ameritaría enviar esta exigencia al poder jurídico y a los departamentos de derechos humanos de los Estados Unidos de América.

Cesen las prácticas discriminatorias por razón de género, de creencias, y de raza y los latinoamericanos seremos más respetados y valorados.

Salutación al compositor Ramón Cabrera Pavón Argote

(Bayamo, 1918 – Madrid, 1993)

 Un amigo me envió desde Miami un Mp3 con la versión de Charles Aznavour de la canción Esperanza, la más universal de todas las canciones del primero de los catorce hijos que dio a luz Claudina Argote Vázquez en Bayamo y no por casualidad al nacer, le nombró con el seudónimo que llevó en la Guerra de independencia el general Antonio Maceo y Grajales, Ramón Cabrera autor que para sobrevivir trabajó como ebanista, vendedor ambulante de mangos, de carbón y hasta de enciclopedias.

Su canción Esperanza inspirada por Pepito Palma, pianista de la Orquesta Aragón que le dijo: - Ramón si me compones una canción con el nombre de Esperanza, la mesera del Brindis Bar, me aceptará como novio. Una semana después la grabaron; su amigo conquistó el amor de la mesera y Ramoncito compuso una de las canciones que desde entonces ha recorrido escenarios en todos los continentes con versiones en varios idiomas, entre las más conocidas, el chachachá de la Orquesta Aragón y la versión de Charles Aznavour que nos convence de que esta historia es una experiencia común a muchos seres humanos, como versan las dos primeras estrofas:

"La conocí y me enamoré,
y me ilusioné,
y ahora todo se acabó.
Al conocer su fingido amor
que causó dolor
a mi pobre corazón."

Escribiendo estas breves notas se develaron en mi memoria acontecimientos que mi alma por instinto había conservado como joyas en el exilio y las imágenes de mi infancia salieron corriendo hacia el patio donde crecieron con amor mis esperanzas.

Me vi en andas en los hombros de mi tío Ramón en el que fuera el Casino Español de la Playa de Marianao, una tarde de verano frente al mar que baña las costas habaneras. Mi tío. Con permiso de mi madre, me había llevado a un bailable donde actuaría el Benny Moré que, a la fecha, había grabado la mayoría de sus sones montunos en interpretaciones que sin excepción se convirtieron en éxitos nacionales e internacionales, como Bayamo, Palma Soriano, Guantánamo, Santiago de Cuba, Manzanillo, Marianao y Pinar del Río que hilvanaron un collar de tributos a la belleza de las ciudades y campos de Cuba.

– Tío donde se conocieron tú y Benny, le pregunté con la curiosidad propia de un niño y sonriendo contestó: – sobrino, yo vivía en un hotelito en la calle Teniente Rey donde Benny durmió algunas veces, allí le vi de cerca por primera vez y nos saludamos, pero fue Mariano Mercerón el que nos presentó… y mientras Ramoncito me contaba con entusiasmo anécdotas de su amistad con el Benny, la banda gigante comenzó a tocar los primeros acordes de su Trecero de Manigua, descripción poética de las fiestas de los guajiros y el "El Bárbaro del Ritmo" apareció en escena con su bastón y su sombrero. Una multitud que se encontraba dispersa corrió desaforada para amotinarse frente al escenario, petrificados, hipnotizados en un asombro mágico, nadie bailaba y el Benny trazaba figuras con los pies sobre el tablado, improvisando con la voz sobre el estribillo:

"Trecero de manigua
toca un son que reviva."

Ramón Cabrera nació en Bayamo el 16 de noviembre de 1918, ciudad que fue incendiada durante La Guerra de los Diez Años por sus pobladores para que los militares españoles se sintieran frustrados en su marcha por aquella ciudad que se negó a ser ocupada.

Siendo un adolescente recibió clases de solfeo, teoría y trompeta de su padre Ramón Pavón Cabrera, quien había obtenido en una oposición la batuta de director de la banda Municipal de Palma Soriano y montaba repertorio día tras día para estrenarlo en la retreta dominical con la banda de esa ciudad vestida de uniforme sobre la glorieta del parque donde se daban citas las muchachas enlazadas de cuatro en cuatro y de seis en seis, mientras los jóvenes enamorados les susurraban piropos zalameros en los oídos... Entre esos caballeritos se encontraba Ramoncito en sus años mozos.

Cuentan sus hermanos que uno de esos domingos iluminados, al escuchar el área de Rigoletto Poeta y Aldeano el hasta entonces aprendiz de carpintería y ebanistería, regresó a la casa decidido a ser compositor y escribió la canción Rosario que inició un ciclo de boleros coronados con Tu Voz en la interpretación de una cantante tutelar de las Américas, la sin par Celia Cruz.

Grandes cantantes como Antonio Machín, Vicentico Valdés, Tito Gómez, Inocente Iznaga (El Jilguero), Pio Leiva, Ana Gabriel, Guadalupe Pineda y Oscar D'León entre otros que harían esta lista interminable, hicieron de su obra un repertorio luminoso.

En 1965 Ramón Cabrera se fue a Europa y volvimos a verle durante una triste estancia de casi dos años en Cuba. Apresado en Europa por agentes del servicio secreto por el presunto cargo de ser "agente del enemigo imperialista", le llevaron secuestrado desde Bulgaria hasta la isla en un buque mercante, agravio perpetrado por seres que destruyen y odian contra un cubano de pura cepa. Durante un pase que le otorgaron en la granja en la que se encontraba cumpliendo la condena impuesta por el tribunal revolucionario, fue visitado por la cantante Elena Burke y el compositor Cesar Portillo de la Luz en la casa de su madre en Buenavista. Cantaron durante toda la noche obras de la antología de la música cubana. Poco después de esa velada de lo real maravilloso le liberaron y viajó rumbo a Madrid donde le esperaban con ansiedad, su esposa Rosario y las personas que integraban el íntimo círculo de sus queridos amigos en tiempos en que María Dolores González Flores (Lolita) popularizaba su canción Con el insinuante mirar.

Un día del cual tengo el recuerdo, las generaciones que están por nacer y los que ya han nacido, editarán la Música de Ramón Cabrera, y se escucharán en todos los rincones del planeta las melodías contagiosas de Ahora si tengo un amor, Amanecer guajiro, Amarga realidad, Anda machetero, Aves del Prado, Caminito de Zaza Cartagena plateada, Compréndeme nena, Con este Son, Deja de pensar en el mañana, Desconsiderada, En el Cabaret, Frutas de España, Los conquistadores, La provocadora, La mano, Mala Yerba, Miguel, Mi parranda, ¡Qué mala eres!, Tierra querida, Ya te lo dije y Baracoa, obras que harán vibrar otra vez a todos los públicos y Ramoncito, desde la inmortalidad, escuchará vibrar los 32 armónicos de la canción que lo llevó a la cúspide de la fama y la popularidad:

"¡Ay! Qué pena me da,

Esperanza por Dios,

tan graciosa

pero no eres buena.

¡Ay! qué pena me da,

Esperanza por Dios,

tan graciosa y sin corazón."

Ramón Cabrera dejó de existir durante un invierno madrileño el 15 de diciembre de 1993 sin que sus familiares pudieran colocar una azucena sobre el sitio en que reposan sus restos.

Sirva este homenaje, en el centenario de su natalicio, como estímulo a la memoria colectiva.

¿Qué es lo cubano?
El tamal que es mexicano

En la percepción que tenemos de nuestra nacionalidad, se manifiestan una serie de aspectos que no han sido tenidos debidamente en consideración, entre los cuales, salta a la luz, la ausencia total de investigaciones que contemplasen la participación e influencia de las naciones con igualdad de sicología, idioma común y rasgos representativos que integraban España en los tiempos de la conquista y colonización, incluidos los negros libres de Sevilla, Cádiz y de todo el sur esta región de Europa que en el siglo XV se sentían más españoles que africanos y que participaron en la reconquista contra los moros-españoles.

Otro espejismo lo representa la idea que se tiene del afrocubano, pues desde los inicios de la trata negrera, arribaron a las costas de la isla, africanos procedentes de todas las naciones y etnias y que al igual que los peninsulares, poseían sus propias lenguas, sicología común y rasgos culturales que les diferenciaban e identificaban en el África Sur-Sahariana.

A pesar de que en los primeros 30 años de la conquista fueron exterminados 100.000 indios en esta isla del Caribe, después de abolidas las encomiendas, en la creación de este nuevo pueblo, los indios supervivientes, en muchos casos registrados como bautizados, se asimilaron a la llamada sociedad blanca, con un consecuente intercambio cultural que aparece con frecuencia en el vocabulario de la isla.

La mezcla de razas sin lugar a duda fue el componente principal de la formación de nuevas naciones que dio origen a la clasificación racial de la Corona en Hispanoamérica -Cuba incluida- asociada a la cercanía o alejamiento del "blanco" y que determinó la posición de los individuos en la sociedad. A continuación, enumeramos la clasificación por razas de los colonizadores:

1. Mestiza
2. Castiza
3. Español
4. Morisca
5. Albino
6. Torna atrás
7. Calpamulato
8. Jíbaro
9. Lobo
10. Cambuja,
11. Sambahiga
12. Cuarterón
13. Coyote
14. Albarazado
15. Tente en el aire

16. Cholo

17. Zambo

Después de la Guerra de Independencia fue abolida la Historia de España de la enseñanza en Cuba y nunca se ha impartido Historia de África, hecho que ha influido notablemente en el fenómeno de la identidad y en el conocimiento de nuestros ancestros. Se habla de lo cubano con una total ignorancia respecto a los componentes históricos y culturales de este concepto, en la cual, los chinos, por citar u ejemplo, tuvieron una presencia tan importante como la de las naciones africanas y españolas hasta 1959.

A partir de los años 60 del siglo XX, dos nuevos elementos entran en acción en este proceso por razones políticas, el primero, la entrada en escena de las naciones que conformaron el Pacto de Varsovia en Europa del Este y de la URSS, y el segundo elemento, menos mencionado, lo es la inmigración de cerca de cuatro millones de cubanos desde el Éxodo de Camarioca en 1965, hasta la fecha. En la actualidad pueden encontrarse descendientes de cubanos que han nacido de enlaces matrimoniales con seres humanos de todos los continentes, aunque no sean reconocidos como nacionales, nuevas generaciones que interactúan con sus familiares en la isla.

La creación de la nacionalidad cubana ha sido y es un proceso incesante y deberá ser objeto de estudios que hagan posible explicarnos y conocernos los unos a los otros.

El presente no existe para el totalitarismo

A la vista de todas las naciones, la llamada "generación del centenario" (1) tomó el poder en la República de Cuba en 1959 a través de la lucha armada; desde entonces ha conjugado verbos en el futuro del modo indicativo: "haremos, tendremos, construiremos, alcanzaremos, produciremos, crearemos, conquistaremos, seremos…" Planes cuyos cumplimientos han planificado recientemente para el 2030, es decir, para el tiempo en que serán adultos los hijos de nuestros hijos…

El presente no existe para estos dirigentes populistas que arrastraron a una joven república a asumir una utopía que convirtió en "pobres a los ricos y en más pobres a los pobres"; borrando de un golpe la capacidad de ejercicio de las instituciones, los derechos individuales, la herencia y la organización económica precedente, ignorando las categorías generales del sistema social, político y económico que han pretendido asumir, reinventaron la historia hasta la abolición de las tradiciones, los valores y de la sicología común que identificaba a los pobladores de la isla, politizando todas las esferas de la actividad humana con nuevos dogmas que han paralizado la iniciativa y la creatividad individual.

El modelo de organización del estado tenía como objetivo la liquidación del Capitalismo y la toma del poder de los trabajadores, instaurar la dictadura del proletariado y un sistema "socioeconómico superior" que los marxistas-leninistas denominaron Socialismo que mediante la lucha de clases eliminó a la burguesía, a la clase media y al Estado de Derecho. La dictadura del proletariado se suponía que fuese un "periodo de transición" instaurado con la toma del poder revolucionario que promulgó las leyes de nacionalización y expropiación de la propiedad privada y la sustitución de las relaciones de producción existentes por la socialización de la propiedad y de toda la actividad económica. 60 años después se impone hacer estas preguntas al partido único en el poder:

¿Son burgueses los que protestan por el hambre y la miseria en las calles de Cuba y Venezuela hoy?

¿A qué clases se dirige la lucha de clases en las actuales circunstancias?

¿Qué clases representan los ciudadanos que se enfrentan a los órganos represivos en demanda de libertad de expresión, de asociación y de la satisfacción de sus necesidades básicas?

¿Quiénes son los contrarrevolucionarios que tienen y ostentan todo lo que el pueblo no puede tener en esas naciones?

Sería conveniente que aquellos que han pretendido representar los ideales del proletariado respondiesen a estas preguntas desde las categorías generales de ese sistema (si es que las conocen) y se pondrá de manifiesto cómo se contradicen la teoría y la práctica en un estado totalitario.

El surgimiento de nuevas formas de opresión y dominación se ha convertido en un flagelo que galopa raudo y veloz sobre las praderas de los pueblos de Nuestra América. La errática política exterior por parte de los países en los cuales existen estados de derecho respecto a esta realidad ha beneficiado que el neo castrismo y el populismo vulgar se hayan entronizado en algunas naciones latinoamericanas en pleno siglo XXI, a través de elecciones absolutamente controladas y manipuladas desde arriba o con enlaces matrimoniales y de consanguineidad. El mínimo común denominador de estos personeros, cada vez más iletrados, es instaurar sistemas totalitarios, siguiendo al pie de la letra, el ejemplo de sus aliados caribeños que han envejecido en el poder. Por lo cual, no pueden primar intereses circunstanciales en las relaciones de la comunidad internacional con estos gobiernos, eso significaría abandonar a los pueblos en las garras de la opresión.

Era impensable que después de más de cinco décadas de contender con la dictadura totalitaria de la Isla de Cuba, fuésemos a ser testigos del establecimiento de gobiernos neo-castristas que, como caballos de Atila, no permiten que vuelva a crecer nunca más el espíritu de la democracia; eliminando las más mínimas conquistas que en un proceso de cruentas batallas desde el siglo XIX hizo posible el surgimiento de las jóvenes repúblicas latinoamericanas.

El máximo líder de la Revolución cubana declaró, en

entrevista con la revista "The Atlantic" que "el modelo cubano ya no funciona". Lo descubrió medio siglo después de imponer su sistema autoritario de gobierno que compite en estadía con las dinastías y dictadores que más tiempo han ocupado el poder en la historia (seis décadas) y desde luego, toda la responsabilidad de la quiebra del sistema, la hacen recaer en el bloqueo y la amenaza imperialista. El gran pretexto que todavía se les permite utilizar y que sólo ha servido para que el ciudadano de a pie sufra más carencias cada día.

Ese modelo socio-económico no funcionó, ni en la URSS, ni en ningún otro país del orbe, realidad por la cual cerca de cuatro de millones de cubanos se encuentran diseminados por el mundo, sin contar, los que yacen en el fondo de los mares del Estrecho de la Florida y todos aquellos que fueron emocionalmente aniquilados por la maquinaria represiva que crearon para desalentar y silenciar a los que se atrevieron a expresar que el Socialismo es un sistema que destruye sistemáticamente los valores espirituales y materiales de las países que lo asumen, por esa razón desapareció el bloque soviético. Cuba, país que fuese el primer productor y exportador de azúcar de caña del siglo XX, hoy no puede siquiera abastecer el consumo de su población de este producto y la economía de un país petrolero como Venezuela está a de punto colapsar y se ubica hoy entre los países más violentos e inseguros del planeta, con una escasez sólo comparable con el de las naciones europeas en la época de la Segunda Guerra Mundial… Estos ejemplos son suficientemente contundentes para que los pueblos cuyos líderes erigen gobiernos populistas de izquierda, sepan que el objetivo de los regímenes totalitarios es eternizarse en el poder, aunque eso implique sumir en la ruina a sus naciones.

En cambio, la República Democrática Alemana dejó de existir después de la caída del muro de Berlín en 1989 y en menos de treinta años de la reunificación, Alemania se ha convertido en la Economía más sólida de Europa… ¿Qué más?

(1) Al producirse el asalto al Cuartel Moncada en 1953 se conmemoraba el "Año del Centenario del Natalicio del Apóstol José Martí", los miembros del movimiento "26 de Julio" se autodenominaron la "generación del centenario".

El agua, ese recurso vital para la vida

El agua es el recurso más importante para que puedan sobrevivir las plantas, los animales y las personas. El rápido crecimiento de la población y los cambios climáticos, están determinando que la falta de agua se esté convirtiendo en un problema que muchos creen podría ser el detonante de serios conflictos en el futuro. A través de los medios de prensa, la radio y la televisión, los científicos han venido informando sobre los efectos globales provocados por la intensa sequía que ha estado afectando diferentes zonas del planeta en los últimos años.

La Organización de Naciones Unidas (ONU) ha estimado que 12 millones de personas están en riesgo de morir de hambre y sed en África si la humanidad no logra ejecutar un plan de acción urgente para salvarles. Cientos de miles de personas en esa zona han tenido que emigrar de sus territorios y se encuentran en campamentos de refugiados donde no existe agua potable.

Pero la intensa sequía no solo ha estado golpeando a los africanos, países tan distantes como los Estados Unidos de América, Australia y la India están confrontando este desastre natural y la repercusión negativa que afecta a sus economías.

Para el año 2017, la ONU ha establecido que cerca de 70% de la población global tendrá problemas para acceder al agua dulce y para el 2025, aproximadamente 40% de la población vivirá en regiones donde habrá seria escasez de agua potable.

En la edición de The New York Times, del día 23 de Julio del 2012, el articulista Michael E. Webber desde Austin Texas, describe la sequía que ha azotado a 29 estados de la Unión Americana, como "la peor sequía de los últimos 60 años, y alertaba de que, de mantenerse estas condiciones climatológicas en el futuro, podrían producirse paros en las plantas eléctricas y en la producción de gas y describía que las plantaciones agrícolas se encontraban literalmente desbastadas".

Ante esta catástrofe natural que están padeciendo muchos rincones del mundo, hacemos un llamado a la conciencia de la población mundial para que no se continúe dilapidando este recurso natural vital para la vida en el planeta. Los tiempos cambian, la vida cotidiana y los hábitos tienen que cambiar. La realidad nos impone que hay que ahorrar agua. El agua que desperdiciemos hoy no es recuperable, será un serio dilema para las futuras generaciones.

Crítica

Elías Barreiro, el hombre detrás de la guitarra

Libro del guitarrista y profesor Antonio Rodríguez Delgado

La guitarra es un instrumento que en manos de trovadores y poetas ha participado en el proceso de creación de nuestra nacionalidad. Con las seis cuerdas de este instrumento crearon

Foto de Antonio Rodríguez Delgado de Nadieshda Kulikova.

sus canciones figuras que se convirtieron en personajes míticos como Pepe Sánchez, Sindo Garay, Manuel Corona, Rafael Gómez Teofilito, Miguel Campanione, Alfredo Varona, Manuel Gallo, Sigfrido Mora, José Antonio Méndez, Cesar Portillo de la Luz y Martha Valdés.

La guitarra ha sido el soporte armónico de los repentistas que hicieron de la décima, la métrica de versificación por excelencia del punto cubano con sus diversas tonadas y en una maravillosa conjugación de aportaciones de diversa procedencia, surgieron amantes del instrumento que hicieron posible el nacimiento y desarrollo de la "Escuela Cubana de Guitarra" que alcanzó su esplendor técnico gracias al paciente magisterio del profesor Isaac Nicola.

Estamos en presencia de una obra de rescate escrita por el

profesor y guitarrista Antonio Rodríguez Delgado, pedagogo incluido en la Enciclopedia Iberoamericana de Música, editada por la SGAE en España y cuya excelsa maestría ha sido reconocida por artistas de la talla de Pepe Romero, John Williams, Manuel Barrueco, Leo Brouwer, Elena Papandreu y Martha Máster. Este investigador y especialista de la enseñanza artística ya nos había sorprendido gratamente con su primer libro: "El gran desafío de la escena y de la vida", publicado por la Real Musical en México en el 2010.

En la escena y en la vida, Antonio Rodríguez Delgado rompe todos los esquemas existentes acerca del aprendizaje de las artes y muestra una concepción interdisciplinaria de la educación artística, cuyo objetivo supremo es la realización de la esencia humana de los educandos y el desarrollo de capacidades físicas, mentales y espirituales que han hecho posible que sus alumnos hayan obtenido en más de 40 ocasiones, importantes premios en concursos internacionales, tales como, El Festival y Concurso Internacional de Guitarra de La Habana, el Concurso Internacional de Guitarra de Montreal, El Concurso Internacional de Guitarra Heitor Villalobos de Brasil, El Concurso Internacional de Guitarra Andrés Segovia de Granada, El Concurso Internacional de Guitarra de Munich, el Concurso Internacional de Guitarra Alexandria de Italia, el Concurso Internacional Tárrega de Banicasim y el Concurso Internacional de Guitarra Manuel M. Ponce de México.

Antonio Rodríguez se encuentra con Elías Barreiro, a quien reverencia como precursor de la forja y la fragua de su magisterio, después de sostener durante horas amenas conversaciones en la intimidad de los amigos, decide compartir las anécdotas que le fueron reveladas, rescatando así a una figura imperecedera de la música latinoamericana en el libro que tituló "Elías Barreiro, el hombre detrás de la guitarra", obra que será muy útil para la época de la restauración de la historia de la cultura cubana que habrá de llegar; documento de referencia para las futuras y actuales generaciones de estudiantes de música, a través del cual, podrán tener una noción del panorama artístico-musical de la primera mitad del siglo XX en la isla y conocer a un artista que fue sepultado por la cultura oficial. Para lograr su propuesta el autor ha utilizado un tono conversacional asequible para todos y muy especialmente para los lectores que no son músicos, quienes asistirán a un recorrido que comienza en la España de la década del 20 y luego de una larga y penosa travesía marítima, llegarán al histórico Puerto de Santiago de Cuba junto a una familia española que huye de la violencia desatada por la Guerra Civil.

En la ciudad más caribeña del país, el lector asistirá al nacimiento de un niño de padres españoles a quien nombraron Elías y un día en que el universo estaba de concierto, escuchando al maestro Andrés Segovia interpretar El Fandanguillo de Joaquín Turina y El Sueño Trémolo de Francisco Tárrega, decide dedicar su vida al difícil arte de tocar la guitarra por la fascinación que experimenta.

A través de las conversaciones entre estos personajes conoceremos instituciones culturales, intérpretes y compositores que caracterizaron el ambiente musical de la joven República a la que Elías se sentía pertenecer y con infatigable entrega se convierte en el eslabón a través del cual generaciones de instrumentistas que le sucedieron conocieron e interpretaron las obras de Manuel M. Ponce editadas por Andrés Segovia, tales como, la Sonata Clásica (homenaje a Fernando Sor), la Sonata No. 3, la Sonata Romántica y la Sonatina Meridional; los 12 Estudios de Héitor Villalobos; El Zapateado de Regino Sainz de la Masa; En Los trigales, el Pasacalle y la Fantasía para un gentil hombre de Joaquín Rodrigo, piezas de estudio obligatorio para el instrumento, hecho que constituyó un aporte de dimensiones monumentales, pues hizo posible que los estudiantes y guitarristas cubanos tuvieran acceso al repertorio considerado imprescindible para llegar a dominar la técnica de la guitarra.

La adaptación de obras escritas para otros instrumentos que Elías Barreiro llevó al pentagrama, así como sus transcripciones, citadas en las páginas de esta amena lectura, son otro aporte que ha permanecido vigente hasta el día de hoy. Herederos de la consagración al magisterio de Elías Barreiro y Antonio Rodríguez Delgado son consagrados guitarristas que no podemos dejar de citar en este artículo como Manuel Barrueco,

Sergio Vitier, Carlos Molina, Tomás Guzmán, Joaquín Clerch, Marcos Díaz Tamayo, Ernesto Díaz Tamayo, Alexis Méndez, Alí Jorge Arango Marcano, Héctor Vudoyra, Yasser Pérez Pendás, Raúl Corral Pérez, Donny Soriano, Fernando Luna, Apolinar Rojas, Mónica Maldonado, Luis Ángel Becerra, Rodrigo Villaseñor y Erick Maldonado.

Detrás de la guitarra vibra la vida y la obra de un músico cubano de pura cepa que no podía quedar en el olvido y que fundara la Cátedra de Guitarra Clásica en la Universidad Tulane en New Orleans, influyendo notablemente el desarrollo ulterior del estudio de este instrumento en los Estados Unidos, país al que emigró en 1960.

La información que Elías nos transmite en este dialogo con su interlocutor, enriquecen el acervo cultural y la percepción que tenemos respecto a temas artísticos, filosóficos y pedagógicos. El ebook "Elías Barreiro, el hombre detrás de la guitarra" se encuentra en amazon.com y es un homenaje muy merecido del profesor Antonio Rodríguez Delgado a un artista de dimensiones universales. - "Honrar, honra", José Martí.

El José Lezama Lima que recuerdo

Siendo estudiante universitario visité en varias oportunidades a Lezama Lima en su casa ubicada en la calle Trocadero  acompañando con Ada Santamaría Cuadrado, (la hermana de Abel), una amiga fiel de los artistas y escritores cubanos. Fuimos y nos enteramos de que escribía su segunda novela. «No olvides traer contigo los tabacos que te tocan por la cuota de la libreta» me dijo Adita pues sabía que, a la sazón, yo no fumaba tabacos -ni los fumo todavía- Al llegar a la casa de Lezama nos recibió con gran alegría, pues eran muy contados los que le visitaban. Sentado en uno de sus sillones asirios, rodeado de libros y papeles, junto sus manos sobre una tabla que utilizaba para escribir y me preguntó:

- Y usted jovencito a qué se dedica. -Ada se adelantó y respondió por mí.

- Es mi amigo que escribe poemas y canciones.

– Me parece muy bien. –Afirma Lezama y comenzó a contarnos de las invitaciones a viajes que planeaba con la certeza de que no asistiría y de un sinfín de cartas que había recibido en la cuales le prometían enviarle sus libros de poesía publicados que no llegarían a sus manos. Tuve la impresión de que en el epistolario se encontraba el aire que faltaba a su respiración ruidosa, pero puedo asegurar que hablaba de esos temas con un sentido del humor criollo que nada tiene que ver con la imagen de personaje inalcanzable inventada por la cultura oficial y reforzada por algunos círculos de interés literarios que han contribuido (con intención o sin ella) a que este escritor sea absolutamente desconocido entre cubanos.

Al saber que estudiaba música y letras me habló de Leonardo Acosta, sabía que este musicólogo escribía un libro sobre el barroco de indias y del compositor Aurelio de la Vega, que nunca nos mencionaron en las clases de Historia de la Música en el conservatorio y que desde finales de la década del 40 componía música serial con el sistema dodecafónico. «Leonardo Acosta y Aurelio de la Vega son los músicos que más se acercan conceptualmente a Orígenes» afirmó.

Lezama escribía refugiado en un exiliado interno desde la época del llamado "quinquenio gris", la etapa más intolerante de la política cultural del régimen totalitario de la isla y este hecho existencial es fundamental para el análisis y comprensión de su poesía: - "lo esencial del hombre es su soledad y la sombra que va proyectando en la pared" – Escribió. Cada verso de Lezama integra la compleja significación total de su obra, incluido Paradiso (1966) su gran poema de la narrativa.

Los años han pasado, José Lezama Lima se liberó de todos los opresores terrenales para integrarse a los laberintos de la luz donde la búsqueda de la infinita posibilidad y la pasión por la cultura llevaron su obra a calles y guaguas donde viajaran incesantes la belleza de un tempo filosófico donde la especulación viaja en búsqueda del descubrimiento de las palabras y se encuentra con sus muertos, en vano trataran de precisar, cómo, cuándo y dónde el hombre americano ha construido templos para su fe.

Lezama pertenece a una especie que adolece de la pedantería de enumerar en cuantas lenguas fue traducido y comentaba cuanto bien la había hecho la correspondencia escuchando la lluvia gruesa de cada día sonando a ton-ton en la madrugada de una obra de Alejandro García Caturla interpretada en el teatro Amadeo Roldán que hacía vibrar el clavicordio de la casa de Rubén Darío, teogonías de la imagen reemplazando a los hechos –según él- para volar a un mundo imago en el espacio-tiempo donde han coexistido dos substancias: la negación y la trascendencia del sujeto.

Cuando evoco a este poeta, no puedo pasar por alto que la generación de intelectuales a la cual perteneció tuvo una propuesta de proyecto republicano de las letras en el que algunos escritores clasificaron como ininteresante al Modernismo y posteriormente lo rescataron para colocarse en el contexto latinoamericano, negaron el vanguardismo (en especial al surrealismo) y pusieron en tela de juicio la multiplicidad y la pluralidad, puntos de vista conceptuales de los cuales Lezama no estuvo ajeno.

Existe un paralelo entre el ser al que todo le ha sido negado en la literatura de la Roma del Siglo I (DC) y la vida del Lezama que necesitaba un pequeño vacío donde irse reduciendo para nacer de nuevo convertido en mito, el creador y el ser humano, como una coordenada limítrofe del mundo donde se extiende su propia existencia, tratando de explicar la relación entre Dios, el hombre y la inmortalidad del alma, entrecruzamientos en los que la autotrascendencia se puso de manifiesto a través del significado que con su obra otorgó a su vida.

En torno a El Jazz ácido de Nueva Zelanda

Novela de Amanda R. Pérez Morales,

un libro de La Pereza Ediciones.

Diseño de la portada de la novela *El Jazz ácido de Nueva Zelanda* realizado por Ileana Mulet.

Los autores cubanos se encuentran dispersos por el mundo, eso hace muy difícil tener un conocimiento abarcador de lo que ocurre en la literatura cubana contemporánea, esta realidad se hace más compleja cuando se trata de la obra que están escribiendo los escritores jóvenes.

Durante muchos años La Gaceta de Cuba de la UNEAC y la revista Encuentro de la Cultura

Foto de Amanda Pérez Morales de Gary Goremez.

Cubana, nos han permitido conocer la existencia de escritores, críticos y ensayistas de profundo acervo cultural, este es el caso de la joven escritora de la novela El Jazz ácido de Nueva Zelanda, hecho que celebro y canto porque niega la falacia de la no existencia de voces cultas entre las actuales generaciones.

De suerte que Amanda R. Pérez Morales representa la

negación del estereotipo y por tanto el análisis de esta novela no puede partir de esquemas ni de frases preconcebidas.

Si tomamos en consideración la trascendencia que posee para un escritor el sitio en el que se crea la obra literaria y en conocimiento de que esta escritora ha vivido toda su vida en la tierra que la vio nacer, llamó mi atención que el escenario de la narración se universaliza a través de los conflictos de los personajes. Estamos ante una obra que se rebela contra la manipulación mediática y un orden establecido que pretende hacernos vivir en este mundo como si nada estuviese pasando.

Por momentos, podríamos tener la impresión de que estamos leyendo un diario personal en el cual se fueron pincelando experiencias existenciales y reflexiones que tienen su origen en la ausencia de respuestas a las múltiples interrogantes que los seres humanos del siglo XXI se formulan. En la breve introducción a la editorial nos preguntan - ¿Es el hombre tan solo un error de Dios? ¿O es Dios tan solo un error del Hombre? Y la relación idea- sujeto - objeto recorre en elipsis su larga y dramática conjugación, en un universo donde el caos y el accidente conviven con las categorías generales.

Tener en las manos un libro que nos hace pensar, es una forma de dialogar, sobre todo en tiempos en que los celulares inteligentes, los sitios de internet y los aditamentos electrónicos hacen cada vez más difícil la comunicación en vivo y en directo entre los seres humanos.

El Jazz acido de Nueva Zelanda es una novela que no puede analizarse dentro del esquema que nos ha impuesto la crítica literaria respecto a qué es una novela o cómo se escribe una novela. En primer término, en esta narración no existe una conducción lineal de la historia, en cuanto a exposición, desarrollo, clímax, anticlímax y desenlace. La línea espacio-tiempo no sería apropiada para un contenido que no nos cuenta una historia de principio a fin. La estructura lineal no se correspondería con este argumento que se desarrolla en una editorial que existe en un sitio indeterminado, no en una ciudad o un país específico.

En esta novela la escritora es un personaje que interactúa con los personajes y con las manifestaciones de la conciencia social: mónadas que aparecen y desaparecen, filósofos que nos llevan a callejones oscuros y en ocasiones luminosos, escritores que han pasado por los mismos desvelos que el lector en el tiempo del no tiempo, compositores que conmovieron a públicos diversos, amantes que se entregan al amor y al desamor, lecturas disímiles que han dejado huellas desde los anales de la historia, burócratas que podrían hundir el mundo entre formularios, reportes y prohibiciones. Podemos ignorar a unos y otros o tomarlos en cuenta, siempre que sea divertido, pero por regla general los protagonistas de El Jazz ácido de Nueva Zelanda son controvertidos y ensimismados, seres que se niegan a aceptar la realidad en que viven, como un reflejo de un reflejo.

La filosofía es quizás el elemento vital de esta novela y sorprende sobre todo por tratarse de la ópera prima de la escritora. La sofística presente en sus preguntas nos lleva a meditar sobre el mundo que van a heredar las generaciones del futuro. Me temo que podría cumplirse la profecía de Albert Einstein para el día en que la tecnología supere a las habilidades de los seres humanos, si no existe para ese entonces, una filosofía que haga posible la coexistencia de los avances tecnológicos, las relaciones de poder y la esencia humana.

El Jazz ácido de Nueva Zelanda abre una ventana al conocimiento de los presupuestos presentes en la literatura de los jóvenes escritores de la isla y desde sus páginas se escuchan voces que no podemos y no debemos ignorar.

Marja y el Ojo del Hacedor

Novela de Manuel Gayol Mecías

Publicada por Neo Club Ediciones

Las novelas Trilogía Sucia de la Habana y El Animal Tropical, de Pedro Juan Gutiérrez, escritor que ha sido traducido a varios idiomas y la obra Un hombre de pago, de la escritora española

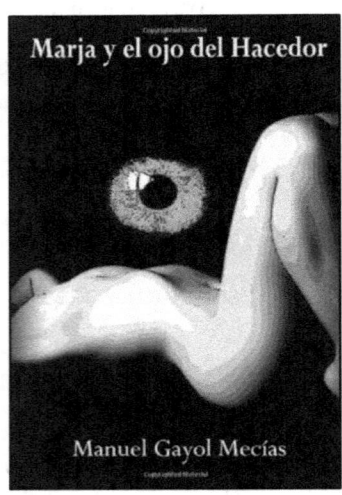

Neus Arqués me han hecho meditar acerca de la presencia de ciertos personajes de la cultura marginal cubana en la literatura contemporánea, sea Gloria en un solar de San Leopoldo o Iván en una Barcelona desierta. Seres que forman parte del llamado "submundo" por algunos críticos, así como del erotismo y la sexualidad que los caracteriza en algunas obras literarias de las últimas dos décadas.

Diseño de la portada de la novela Marja y el ojo del Hacedor realizada por Idabell Rosales.

El sexo elevado a un lugar protagónico que se asocia en algunos artículos a la esencia de la negritud que nos llegó en los galeones negreros, a lo que faltaría agregar la herencia que en materia de sensualidad nos fue legada desde Andalucía, mucho antes de la trata de esclavos y que se encuentra presente en la literatura, la música y las danzas de esa región de España. Celebro que se trate la sexualidad sin inhibiciones, pero en algunos casos, es tan abarcadora que los conflictos existenciales de los protagonistas pasan a un plano secundario.

Sin el propósito de negar la libertad de expresión pienso que la tragedia de las jineteras no debería ser tratado como una comedia, ni con la superficialidad del choteo, porque de todos los males que nos aquejan, este que implica a la mujer, hiere como ningún otro la sensibilidad y podría enriquecerse si interactuaran en un mismo escenario, (como ocurre en la vida cotidiana), santeras devotas, artistas, doctoras, maestras y mujeres que sostienen sus hogares haciendo verdaderas acrobacias. Citemos a Sara Gómez que supo vencer las barreras que le anteponían su condición de mujer, el color de la piel y su extracción humilde para llegar a ser la primera directora de largometrajes y acaso la única del cine cubano.

La cultura marginal y el racismo han sido ignorados por la cultura oficial, al punto de convertirse en temas tabú con implicaciones políticas. Los estudios e investigaciones realizados por antropólogos y etnólogos cubanos no han sido utilizados para entender y asumir a los marginales, en su mayoría negros y mulatos sin excluir a los blancos pobres que nacen y crecen en la marginalidad. A pesar de que muy recientemente se han abierto espacios de salón para la tímida discusión de este problema estructural de la sociedad cubana desde su fundación y que ha sido una de las causas del fracaso de nuestro proyecto de nación, en pleno siglo XXI existe la misma inamovilidad de los siglos precedentes, hecho que no es exclusivo de nuestro país, en la mayoría de las naciones latinoamericanas son pueblos fantasmas.

En la década del 70, siendo estudiante de la Escuela de Letras y Arte de la UH asistí con varios compañeros de estudio a un evento de investigadores auspiciado por los editores de la Revista de Etnología y Folclore de la Academia de Ciencias de Cuba en la cual el musicólogo Argeliers León leyó una tesis sobre el proceso de creación de los nuevos pueblos latinoamericanos y el etnólogo Alberto Pedro presentó un ensayo sobre la Ética y los Valores Morales de la Cultura Marginal, en ese instante un funcionario detuvo al investigador y le dijo:

– Compañero, ¿cómo se atreve a hablar de marginación, si hoy el solar se viste de miliciano? –, nunca olvidaré el sentimiento de frustración que esta pregunta provocó en Alberto Pedro, pues esta interferencia más bien podía haber correspondido a un evento sobre las imágenes y no a una reunión de la Academia de Ciencias.

Hoy por hoy, la apreciación de la cultura marginal y los marginales, continúa siendo un reflejo de hechos empíricos y experiencias personales que no dejan de tener valor, pero que representan una visión parcial de esa realidad predeterminada por la conciencia de sí y para sí del sujeto que observa. Si bien las jineteras son parte de ese medio social, no lo tipifican; Francisco

Repilado, más conocido como "Compay Segundo" y su hijo, Basilio Repilado, vivían en un barrio marginal habanero hasta la década del 90 cuando fueron descubiertos por Ray Cooder, ambos fundadores de Buenavista Social Club, laureado con el Grammy Award en los Estados Unidos. El documental sobre los integrantes de esta agrupación realizado por Wim Wenders ha obtenido 15 primeros premios en festivales y concursos internacionales de Cine. Chano Pozo y Los Zafiros, por citar otro ejemplo, salieron de los barrios marginales de la Habana a conquistar todos los escenarios del mundo.

Marja y el ojo del Hacedor del escritor cubano Manuel Gayol Mecías, novela de reciente publicación, nos muestra una mujer joven cuyo origen dista en cierta medida de la

marginalidad, son los avatares que han influido en todos los aspecto de la vida del sitio donde nació, los que le imponen la necesidad de cruzar la casi imperceptible línea que separa a unos y a otros para sobrevivir a su propio cataclismo; el punto

Foto de Manuel Gayol por Fernando Avedo.

de giro irreversible de esta novela se produce con la expulsión de la protagonista de su casa. Marja, en cierta medida, representa a miles de mujeres que por razones diversas pululan de una ciudad a otra, llegando en oleadas sucesivas a la capital desde las provincias orientales en busca de una vida mejor y de "oportunidades", mujeres a quienes despectivamente llaman "las palestinas", marjas que al cruzar la frontera corren el riesgo de no encontrar la puerta de retorno, rostros que representan la otra cara de las vitrinas que ha exhibido el socialismo antillano durante medio siglo de demagogia populista.

Manuel Gayol Mesías con el desvelo de un hacedor, sale airoso en esta novela porque utiliza un lenguaje que no se regodea en la vulgaridad, sabe que la narrativa permite muchas licencias, pero tiene reglas que el escritor conoce y respeta. Marja y el ojo del Hacedor ha sido escrita con un acento propio que recorre toda la obra. El narrador omnisciente conversa con sus personajes, los contradice o justifica; en ocasiones asume el rol de ser él, su propio personaje, para mostrarnos su filosofía de la vida, su satisfacción o desacuerdo con el proceso creativo, pero no se miente a sí mismo y ese recurso del oficio resulta novedoso y efectivo. Las representaciones eróticas dan margen a la imaginación del lector porque el escritor sabe que la imaginación es más poderosa que las representaciones cognitivas y las imágenes que evoca nos hacen sentir compasión por jóvenes cuyas vidas navegan a la deriva en medio de una profunda degradación espiritual y existencial, hecho que se universaliza en los más de 140 millones de niños y adolescentes que viven en las calles del mundo a merced de toda clase de abusos y de infortunios, victimizados por los negociantes de la pornografía y la prostitución infantil en la era de la globalización.

Marja y el ojo del Hacedor, sin lugar a duda representa un testimonio literario que ocupará su sitio junto a otras novelas escritas por autores cubanos que se sienten comprometidos con la restauración.

"Todavía", un disco para el Renacimiento de la canción

Hablar de Francisco Céspedes es adentrarnos en la redención de la canción de amor que ha sobrevivido al hostigamiento, al abandono y a la desidia, en un rinconcito del alma colectiva y que en la voz del cantor ve un posible amanecer donde los enamorados escucharán una música de fondo que les ayudará a sentir el amor en su máxima expresión, eso es Todavía: un abrazo tendido en el espacio desde la consagración de dos iluminados: Pancho y Aneiro Taño, quienes con el mayor respeto, comparten los estallidos que hacen posible la creación artística y literaria para enaltecer al público de todas las edades, devolviéndole a cada cual el sitial que desde siempre le ha correspondido y esta entrega la han realizado con el nivel poético y musical que el ser humano se merece.

Este viaje a la consagración comenzó en la década del 70 del pasado siglo, cuando el canta-autor Francisco Céspedes cursaba el 2do. año de Medicina y en el Club "Johnny 88", sitio emblemático de la vida nocturna habanera, donde se daban la mano los intérpretes de jazz y los cantantes de filin, encontró a la mujer que le provocó el amor, implosión interna que guitarra en ristre se convirtió en canción y que a veces no es tan fácil explicar. Esos estallidos del corazón quedaron para siempre en la nostalgia de *Cuando te fuiste tú*; había nacido el compositor que mucho después colmó de emoción a su público.

Después de escribir sus primeras canciones, Pancho deja la carrera de medicina para iniciar el difícil camino de sobrevivir y hacer la canción «como dijera el maestro Cesar Portillo de la Luz» y se refugió en la música y la poesía. Miguel Ángel, su hermano mayor, se había convertido de la noche a la mañana en el cantante por excelencia de la canción romántica de la Isla Mayor de Las Antillas, lo cual, hizo posible que Pancho se relacionara con cantantes, arreglistas y autores en boga que lo estimularon a tomar la decisión de dedicarse por entero a la música y matriculó en el Conservatorio "Ignacio Cervantes", centro de estudios donde recibió clases de Solfeo, Teoría de la Música, Apreciación Musical y Canto.

En esa época se le vio actuar y cantar en espectáculos de cabarets y en las madrugadas del Paseo del Prado Grabó su primer disco en los estudios del ICAIC y con esa cinta viaja a México dándose a conocer cuando el cantante Luis Miguel interpretó su canción Pensar en ti y se inicia la carrera que le convirtió en un canta-autor reconocido a nivel internacional.

Por esas cosas de la vida que han sido nombradas casualidad, coincidencia o predestinación, Aneiro Taño y Francisco Céspedes nacieron el mismo día, a saber, un 28 de febrero. Aneiro escribe su primera orquestación a la edad de 11 años y en el Conservatorio "Amadeo Roldán" cursa estudios de armonía y morfología con el profesor Alfredo Diez Nieto y de Orquestación con los profesores Carlos Santoy y en la intimidad del hogar con su padre, el maestro Tony Taño, quien le hacía relacionar la armonía con los estados emocionales que se perciben al escuchar un acorde menor (tristeza) o uno mayor (alegría) o un acorde disminuido (tensión, miedo); lo armonías comparadas que le permitieron concebir la música en términos de coloraturas que viajan en el espacio interior del cerebro humano.

Aneiro ha llegado a ser un músico reconocido por poseer una sensibilidad que le permite evocar a los compositores de la música de concierto y a los grandes arreglistas de la música popular que le antecedieron en su desempeño como orquestador, cualidad que le ha hecho merecedor de la nominación al Grammy americano al producir y dirigir al cantante José Feliciano en su Álbum Calle Latina en 1992 y la obtención de 4 premios Grammy Latinos, tres con la Intérprete Lila Downs, con la cual también obtuvo un premio Grammy americano en el 2013.

Aneiro y Pancho se conocieron en una fiesta en el barrio de La Víbora, al paso del tiempo, Aneiro comenzó a tocar teclados en el grupo musical "Fa 5" en el que cantaba Miguel Ángel Céspedes, lo cual les acercó en el plano de la amistad. Pancho fue invitado a una Gala en el Anfiteatro de la Playa de Varadero y le solicitó a Aneiro que le escribiera las orquestaciones de las canciones que cantaría en ese evento; así comenzó la relación profesional entre estos dos artistas que se identificaron desde el primer instante por la pasión por la excelencia. De aquel momento ha expresado Aneiro: - Coincidimos en una fiesta de 15 años en 1978, Pancho era un tremendo bailador de Casino y "rasgaba" la guitarra. En nuestra conversación descubrí que era el hermano menor de Miguel Ángel Céspedes, entonces él estudiaba medicina. Fue 4 años más tarde cuando se acercó a mí para que les hiciera los arreglos a dos de sus primeras composiciones, 'Dicen" y "A veces no es tan fácil" mejor conocida como "Miradas", eso ocurrió en La Habana en el año 1982.-

La vida los encontró nuevamente para unir sus talentos y la experiencia acumulada en la creación de este regalo para los sentidos que han titulado "Todavía"; un disco donde cada canción es una primera canción que nos cuenta en términos poéticos una historia que puede ser común a cualquier ser humano.

Francisco Céspedes, convertido en un chansonnier, se interpreta a sí mismo con el mismo rigor que los intérpretes consagrados cantan a los compositores tutelares de todos los tiempos y Aneiro Taño, en cada orquestación de este disco, alcanza la genialidad de los arreglistas que hicieron grandes las canciones y más grandes a los cantantes de todos los tiempos. Canciones como Mira, Mira, Todavía y Se perdieron al final se van a integrar la antología de la canción latinoamericana y el repertorio del CD Todavía surcará con éxito todos los escenarios, con independencia de los idiomas y la idiosincrasia de los públicos que lo escuchen, tal y como siempre ha sido el destino de obras de tan alto valor artístico-musical.

Esta producción musical de la Wagner Music de México ha sido bienvenida por públicos diversos por evocar el renacimiento de la canción romántica tan largamente esperado por los amantes de un género, que ha servido de puente entre una generación y otra.

La trilogía de Hilton James Kutscka

Después de leer la Trilogía (versión traducida al inglés), creo que he encontrado al Tom Clancy y el Dan Brown brasileiro, me refiero a Hilton James Kutscka, autor de historias divertidas que acerca sus lectores a personajes que pueden llegar a ser muy amados u odiados, en una obra que entretiene, pero lleva en sí múltiples lecturas de lugares inexplorados.

Hilton James Kutscka vivió durante muchos años en los Estados Unidos. Su Trilogía abarca unas 500 cuartillas, se trata de una obra literaria que logra poner de manifiesto las contradicciones que existen en los llamados países desarrollados, y los conflictos que los temas éticos y de conciencia generan en el individuo de esas sociedades contemporáneas.

Hilton, es un autor que se expresa con un lenguaje coloquial y asequible al promedio de los lectores, y eso es importante, dado el hecho que las editoriales publican muchos libros que no se venden por razones diversas.

Esta no es una novela convencional, corresponde a la llamada "literatura postmoderna", donde han desaparecido "los centros", y la globalización no sólo es tecnológica, sacando a la luz confrontaciones regionales en su relación con los intereses hegemónicos de las grandes potencias. En la obra existen líneas invisibles que pasan por los intereses geopolíticos, el plano ontológico, la insatisfacción del hombre respecto a la interpretación del mundo de la historia, de la filosofía, de las ciencias y de las religiones.

En esta obra literaria el hombre crea a Dios a su imagen y semejanza, en los desiertos, como las selvas, se alcanza el éxtasis de la contemplación y de la relación hombre-naturaleza del mundo no tangible; la metáfora del misterio que en sí misma representa el lado femenino de la creación.

La concepción fenomenológica de este escritor incluye la relación hombre- religión y otros temas que aquejan al ser humano del siglo XXI y hacen su aparición en el aeropuerto Foster Dulles, punto de giro de la trilogía, en la cual, Rick y Yu-Ling son los protagonistas que representan el dualismo presente en toda la obra.

La consagración a la obra

Una entrevista con la directora de coros, pianista y compositora Suzzette Ortiz.

La aclamada directora de coros, compositora, pianista y profesora Suzzette Ortiz regresó a New Jersey después de una reciente

Foto de Suzzette Ortiz de Michael Donnella.

participación en el Concurso Internacional de Coros de Cracovia, Polonia, con una agrupación de estudiantes del Pre-Universitario de Artes Creativas Morgan Village Academy, coro que representó a los Estados Unidos de América en ese concurso internacional. Esta agrupación fue la única coral de estudiantes que recibió el reconocimiento de los críticos y especialistas por sus actuaciones en Cracovia en el 2015. —La audiencia aplaudía delirantemente en las actuaciones de mis cantores, —dijo Ortiz.

Durante los últimos 20 años, la directora de coros Suzzette Ortiz ha presentado a sus coros en competiciones y festivales corales en los Estados Unidos, la República Checa, Italia Ghana, Sudáfrica y Polonia. En la Ciudad de Verona, donde Romeo y Julieta vencieron con la fuerza de su amor la intolerancia de los

Montescos y los Capuletos; Suzzette Ortiz, una directora de coros puertorriqueña, escribe una página histórica, al alcanzar durante dos años consecutivos la Copa de Oro y Diploma en la Categoría Étnica y Folklore, y el Premio a la Mejor Interpretación de la Música Gospel, en las ediciones XIV y XV del Concurso Internacional de Canto Coral "Primavera Musical Veronesa" de Italia.

En el 2005, sus cantores llevaron a Camden el Premio del Festival de la Herencia en San Juan, Puerto Rico. Diez años después, en el 2015, regresan del Festival Internacional de Coros de Cracovia y tuvimos la oportunidad de hacer una entrevista a esta laureada artista en su casa de Pennsauken, Nueva Jersey.

RFP: Suzzette, eres muy reconocida por tu desempeño como pianista en orquestas de música popular y el grupo femenino "Ellas", del cual eres una de las fundadoras y fuiste directora y has sido premiada por tu incesante actividad como directora de coros. Háblanos de tu trayectoria artística.

Suzzette: —Comencé a estudiar piano a los 6 años en Hato Rey, Puerto Rico. A los 13 ingresé en el Conservatorio de Música de Puerto Rico. En 1982 me gradué de Bachiller en Música. Al concluir mis estudios de piano y composición, me ofrecieron la oportunidad de trabajar dos años con el Coro de Niños de San Juan, dirigido por Evy Lucio, una agrupación vocal de gran prestigio internacional. Durante dos años trabajé con ellos como pianista y repertorista. Esa institución representó mi primera experiencia profesional en el mundo coral pues hacía arreglos de voces. Entre los niños del Coro de San Juan descubrí mi vocación de maestro. Me encanta enseñar. Decidí hacer la Maestría en Educación Musical y en 1984, me trasladé al Estado Pennsylvania; en Puerto Rico no había Programas de Maestría en esa especialidad por aquellos tiempos. Me aceptaron en la Universidad de Temple y cursé estudios, de Educación Musical, Composición y Dirección Coral.

RFP: ¿Cómo se produce tu participación en el Concurso de Verona?

Suzzette: —He sido profesora de música en Camden, New Jersey desde el año 1986. Cuando se creó The Creative Arts High School de Camden, solicité una plaza de profesor en ese centro al Distrito de Educación y fue aprobada. En esta escuela superior tuve la oportunidad de desarrollar el canto coral. Pertenezco a la Asociación de directores de Coro de los Estados Unidos. Cada dos años la asociación realiza conferencias nacionales y el Distrito de Educación de Camden me ha brindado todas las facilidades para que yo asista a estas reuniones. En las conferencias conocí diferentes agencias que llevan coros a Europa y supe de la existencia del Concurso de Verona. Por mi experiencia personal sé que un estudiante consolida sus conocimientos y aprende más cuando tiene la oportunidad de comparar y ver otros mundos, cuando se expone a otros ambientes y culturas. Establecí relaciones con una de estas agencias que organizan las giras.

Llevar a mis estudiantes a Europa fue para mí un sueño acunado desde que tuve conocimiento de la existencia del Concurso Internacional de Coros de Verona y se lo hice saber a La Sra. Davida Coe, -directora de la CAHS- comenzó la difícil tarea de convencer a otros y levantar los fondos para viajar a Italia.

RFP: ¿Cuántos integrantes tenía el coro?

Suzzette: —Treinta voces. Era un coro mixto en el que participaron estudiantes de noveno a doce grados.

RFP: ¿Qué repertorio interpretaron?

Suzzette: —Música renacentista, barroca, clásica, romántica y contemporánea. También cantaron música folklórica y popular de África, Europa, América Latina y América del Norte.

RFP: Háblanos de lo que has llamado - la difícil tarea de movilizar y levantar fondos-.

Suzzette: —Realmente, cuando planteé que quería llevar el coro al concurso, me dijeron que yo estaba loca… "¿De dónde vas a sacar el dinero? Esos muchachos nunca se han montado en un avión… Los padres no van a autorizarlos…" Para mí fue un verdadero reto. Me reuní con los padres; hablé con muchos políticos e instituciones de Camden y mucha gente me apoyó con fondos. Pero, finalmente, el peor contrario que tuve que enfrentar fue la guerra de Irak. Veinticinco cantores irían al evento y sólo pude llevar ocho estudiantes. Los padres sintieron miedo de autorizar el viaje de sus hijos. Este conflicto bélico comenzó la semana antes de comenzar el concurso. Incluso, el Distrito de

Educación planteó que si asistíamos lo haríamos por nuestra cuenta y riesgo. Tuvimos que firmar un documento en el cual los liberábamos de responsabilidad si ocurría algo…Viajé con ocho cantores, tuve que poner a cantar hasta a la pianista. La gran sorpresa para todos fue que ganáramos el Primer Lugar del concurso en la categoría folklórica, en aquellas circunstancias. Por la reacción del público, pensé que obtendríamos algún reconocimiento pero no albergué la esperanza de ganar la Copa de Oro pues estábamos compitiendo con menos de la mitad de los integrantes del coro en un teatro en el que se presentaron coros de treinta, cuarenta, cincuenta y sesenta voces de Austria, Checoslovaquia, Dinamarca, Eslovaquia Francia, Estados Unidos, Hungría, Inglaterra e Italia entre otros países, Imagínate lo que sentimos cuando se hizo el anuncio de que habíamos obtenido la Copa de Oro en la categoría de folklore.

RFP: Cuéntanos del XV Concurso, el de abril del 2004.

Suzzette: —En el 2004 participamos con los estudiantes que no tuvieron la oportunidad de asistir al concurso en el 2003. Un total de catorce cantores. Sólo dos de ellos estuvieron presentes en el evento anterior; los demás ya se habían graduado. Ganamos por segunda ocasión la Copa de Oro en la categoría de Folklore con un repertorio totalmente nuevo, en cuatro idiomas y estilos. Interpretamos una samba brasileña; una balada y un tango de Argentina; una pieza folclórica de un compositor italiano muy famoso, Renatto Carosoni; y el Premio a la Mejor Interpretación de Gospel lo obtuvimos por la ejecución de "The Battle of Gericho", versión para coro de M. Hogan.

RFP: ¿Cuál ha sido la repercusión en los estudiantes de esta larga labor y los éxitos obtenidos en eventos internacionales?

Suzzette: —Creo que ha cambiado sus vidas. Eso es lo más importante. Los estudiantes ahora tienen metas que les dan sentido y significado a sus vidas. Recuerdo que cuando comenzamos, muchos ni siquiera pensaban en terminar la escuela superior y logramos que se graduaran y en muchos casos continuaran estudios universitarios. Algunos de los estudiantes que deseo mencionar son:

Rico Davis, quien fuera miembro de los "Fantásticos 8 Estudiantes" que ganaron Copa de Oro en Italia en el 2003 y permaneció en el coro de concierto hasta que se graduó. Actualmente es un artista de música pop bajo la firma "Young America Entertainment, LLC."

Chris Stevens; trompetista, compositor y actor. Director musical de su propio grupo llamado Vertical Current y su cuarteto Chris Stevens. Chris es muy respetado como artista y no me extrañaría que muy pronto gane un Grammy. Ya ha producido 4 CDs.

Nohemi Soria y Brandon Witcher, integraron el Coro de Concierto y fueron de los galardonados con tres copas de oro en Italia. Nohemi estudió en España y en los Estados Unidos. Terminó sus estudios universitarios como maestra de español y trabaja como asistente de la legislatura para la Senadora Nilsa I.

Cruz en el Estado de Nueva Jersey. Brandon terminó su carrera como maestro y ahora enseña historia en una escuela de Camden.

Chaliyah Valentine; fue parte de la coral que viajó a Italia el 2004 que ganó dos copas de oro y participó de la gira que hicimos en Ghana, África. Terminó su bachiller en sociología. Trabaja en el sistema de enseñanza de Camden y continúa actuando y cantando en múltiples actividades de la comunidad.

Ronald Judge Jr. que también fue cantante de la coral y viajó a Italia en el 2004, evento al que ya hemos hecho referencia. Estudió Jazz y educación musical en la Universidad de las Artes de Filadelfia terminando su bachillerato en Educación Musical en la Universidad de Rowan. Actualmente es productor y arreglista de su propia compañía de producción musical; Astroid Muziq Productions.

Durante los años que he dedicado al magisterio, enfaticé en la importancia de participar en actividades comunitarias; donde los cantores usaran sus voces y talentos para llevar un mensaje de solidaridad a los seres humanos y la necesitada esperanza al desvalido, los miembros del coro cantaron en hospitales, instituciones de la comunidad y asilos de ancianos, y estas actividades influyeron positivamente en la formación de los estudiantes.

RFP: Suzzette, creo que sería de interés de los lectores que citaras los eventos más relevantes en que has participado con tus coros entre el 2005 y el 2016.

Suzzette: —Pues hagamos un resumen entonces, te diré que en el 2005 con el coro de concierto de Creative Art High School obtuvimos el Premio de Oro y un reconocimiento especial por ser el mejor coro que representara a su comunidad en el Concurso Coral en San Juan, Puerto Rico. Durante el año 2006 nos dedicamos con tesón al montaje del repertorio que cantamos en el Festival de Coros de Toscana en el mes de julio del 2007 y fuimos la agrupación seleccionada para el concierto de clausura, lo que representó un gran honor para nosotros. Ese mismo año me otorgaron el Premio Christina Cultural Arts Center en reconocimiento por la dedicación y aporte al desarrollo de la comunidad a través de las artes.

Cantamos en el Concurso y Festival de Coros de Orlando, Florida en el 2008 y nuevamente alcanzamos el Primer Premio, en esta ocasión en las categorías de Gospel y Jazz, Segundo Premio en la categoría de madrigales y Tercer Premio en la categoría de Coro Mixto.

El coro se presenta en Nueva York City En el 2009, y en el 2010, en el Festival de Virginia, ambos auspiciados por FiestaVal. En el evento de Virginia fuimos seleccionados como el Mejor Coro del Festival.

El 2011 fue un año muy productivo para nosotros, obtuvimos cinco trofeos de oro en el Festival de la Herencia de New Orleans y en el 2012 actuamos en el Concurso y Festival de Música Juvenil de Praga, Checoslovaquia donde recibimos el

Segundo Premio en la categoría de coro mixto.

RFP: Lo que más influencia ha tenido en tu desarrollo personal…

Suzzette: —Mi familia, la presencia de mis padres en mi vida.

RFP: La clave del éxito…

Suzzette: —Persistir, sacrificarse, consagrarse a una meta y hacer algo cada día por alcanzarla.

RFP: ¿Qué proyectos inmediatos tienes?

Suzzette: —Mi próximo proyecto es promover en mis actuaciones en vivo la música del CD Renacer que he grabado en M—Sound Studios de Filadelfia con la música que he compuesto y orquestado en los últimos tiempos y seguir dirigiendo coros, por supuesto.

RFP: Antes de despedirnos… ¿Te gustaría enviar un mensaje a nuestros lectores?

Suzzette: —Enviarles un saludo del corazón, por haber tenido la oportunidad de compartir con ellos las emociones que he sentido a lo largo de mi carrera y especialmente, decirles a nuestros hermanas y hermanos hispanos en los Estados Unidos que la consagración hace posible la realización de obras difíciles.

Otras distinciones y reconocimientos obtenidos por

Suzzette Ortiz:

En el 2007 la alcaldesa de la ciudad de Camden proclamó el día 12 de octubre como "Día de Suzzette Ortiz" en sentido reconocimiento a su a diaria labor y le fue otorgado el Premio Walmart por haber sido elegida Mejor Profesor del Estado New Jersey.

Distinción por su notable contribución a la excelencia desde el 2006 hasta el 2011 en el Christina Cultural Arts. Center, en Wilmington, Delaware con el conjunto vocal Frutos del Espíritu.

En el 2015 recibe el Diploma de Reconocimiento del Condado de Camden, New Jersey por sus 27 años de ejercicio docente, por su labor artística y profesional y los servicios brindados a la comunidad.

Premio James McBride 2015 a la labor de maestros que trabajan en comunidades con escasos recursos y sirven de inspiración a otros profesores y a los estudiantes.

Luis Lugo, el piano de Cuba

Entrevista concedida por Luis Lugo al compositor y escritor Reynaldo Fernández Pavón desde su residencia en Buenos Aires, Argentina. Julio del 2018.

Conocí al pianista cubano Luis Lugo en la década del 80, en aquel entonces yo fungía como director interino de la Casa de la Música Alejandro García Caturla en 17 y E, Vedado, y como sustituto del maestro Leo Brower, entonces Director General la Orquesta Sinfónica Nacional de Cuba. Nos encontramos un día del cual tengo el recuerdo para programar tres conciertos dedicados a la literatura pianística, a partir de ese momento nos reunimos en varias oportunidades para confeccionar programas que incluyeron la Sonata K 333 de W. A. Mozart, la Sonata Opus 111 de L. V. Beethoven, El Valle de Oberman, el Soneto del Patriarca 104 y 123 los Estudios Trascendentales Mazzeppa en Fa menor, de F. Liszt, La Polonesa Opus 44 de F. Chopin y la Sonata No. 7, Opus 83 de S. Prokofiev entre otras obras maestras, y escribí una nota al programa sobre su trayectoria artística.

El día antes de los conciertos Luis Lugo asistía a la Casa de la Música para tocar el repertorio que interpretaría en cada concierto, y tuve el privilegio de escucharle tocar el piano durante horas y pude percatarme de que su virtuosismo radicaba en haber aprendido a utilizar adecuadamente sus posibilidades físicas unido al conocimiento que posee de la estética de los estilos que interpreta, estaba en presencia de uno de los pianistas cuyo nombre quedaría registrado para siempre por su emotividad, su excelente sonido, su depurada técnica pianística y una concepción inequívoca del significado de la interpretación

Volvimos a encontrarnos en el concierto homenaje al centenario de la muerte de Liszt en 1986, ocasión en el que le escuchamos interpretar la Sonata Dante, los Estudios Trascendentales y los Funerales, el nivel de emoción que desplegó fue tan intenso que provocó lágrimas en el auditorio. Esta entrevista que ponemos a disposición de los lectores nos la concedió el maestro Luis Lugo, concertista, conferencista, compositor, director artístico y discográfico, tres décadas después de aquel encuentro en La Habana.

RFP: ¿Qué hechos y profesores influyeron más en tu formación musical?

Luis Lugo: - Nací en un ambiente musical mi madre era directora de coros y me llevaba a los ensayos, recuerdo a Digna Guerra, una de sus compañeras que andando el tiempo llegó a ser una de las más prestigiosas directoras de coro de la isla, interpretaban canciones tradicionales y música popular con versiones hechas para voces y mi padre tocaba al piano las canciones de los compositores del Filin, boleros y guajiras. A temprana edad comencé a estudiar piano en el Conservatorio Provincial de Música Amadeo Roldan con la profesora Mercedes Estévez entre

1967 y 1970, año en el que pasé a ser alumno del profesor Cesar López, en 1978 continué las clases de piano con el profesor Silvio Rodríguez Cárdenas y posteriormente, en el Instituto Superior de Arte radicado en Cubanacán, recibí un curso de postgrado con Valery Kamichov, pianista laureado con el tercer premio del concurso Tchaikovsky de Moscú y cuando recién cumplí los 16 años, en una visita a la Habana de Mtislav Smirnov, Vicerrector del conservatorio de Moscú fui invitado a continuar estudios de nivel medio superior en la Escuela Central adjunta al Conservatorio de Moscú , invitación que se pudo materializar en 1978 en el Conservatorio Tchaikovsky, con el Profesor Rudolf Kerer. En cuanto a mi cultura estética ejercieron notable influencia en mi formación el profesor de historia de la música Enrique Guerrero, el escritor y el musicólogo Alejo Carpentier, por cierto, cuando vino a Cuba en ocasión de su 80 aniversario, me invitó a ofrecer un concierto en casa del compositor y amigo mutuo Harold Gramatges y la relación profesional y de amistad con el compositor y guitarrista Leo Brouwer.

RFP: ¿Pensaste que ibas a dedicarte por completo a la música cuando eras un adolescente?

Luis Lugo: - Siendo niño tomé conciencia de que interpretar y estar frente al piano en un teatro, era esencialmente un arte, creo que nunca he querido ser otra cosa.

RFP: ¿Qué obras musicales prefieres escuchar con mayor frecuencia?

Luis Lugo: - El rock sinfónico, y algunos temas del pop y de la ópera romántica de Wagner, la obra sinfónica de Igor Stravinski, -especialmente los ballets-, las sinfonías 5 y 7 de Anton Bruckner, y algunas obras de Wolfang Amadeus Mozart y las pasiones de Johann Sebastian Bach.

RFP ¿Qué compositores e intérpretes de música popular son afines a tu gusto?

Luis Lugo: - Steve Wonder con *el secreto de las plantas*, temas de Link Bizkit en vivo, Metallica en vivo con la orquesta sinfónica, y Michael Jackson entre otros.

RFP: ¿Cuál son tus obras pianísticas emblemáticas?

Luis Lugo: - Hay un grupo de obras que están unidas a mi ideal musical, voy a mencionar algunas: La Obertura Francesa de Bach, la Sonata 29 Opus 106 de Beethoven, la Sonata 7 de Prokofiev, las sonatas 6, 9 y 10 de Skriabin, el Concierto No. 3 para piano y orquesta de Rachmaninoff, la Sonata en Si bemol de Liszt, el Concierto No. 2 para piano y orquesta Brahms, Gaspard de la Nuit de Maurice Ravel, obras que forman parte de mi repertorio.

RFP: ¿Qué influencias reconoces como intérprete?

Luis Lugo: El academicismo de Emil Guiles, la respiración romántica de Glen Gould, la armonía técnica-épica de Sviatoslav Richter, la naturaleza de los sentimientos a través de la música de Horowitz, los conceptos de interpretación de Von karajan, y

Rudolf Kerer, , la sensibilidad por caminos armónicos de Steve Wonder, el poder mental sobre la técnica y el abordaje pianístico de Mikhail Pletnev. La visión de Keith Jarret que eleva el jazz a la música de concierto. De Beethoven su revolucionario poder sobre la forma a gran escala y el romanticismo de Schumann; de Franz Liszt, su apertura mental a todas las ideas y conceptos, en Mozart, el detallismo natural del virtuosismo y de Igor Stravinsky, Aleksandrovich Scriabin, Sergei Prokofiev y Sergei Rachmaninoff, el dinamismo del pensamiento musical hasta situarlo en un plano místico.

RFP: ¿Qué otras manifestaciones de las artes y de la literatura son afines con tu sensibilidad?

Luis Lugo: La pintura y la arquitectura, porque son las que más se acercan a la concepción con la cual esbozo todo lo que está en mi mente en el plano musical, cuando voy a abordar el montaje de una obra desarrollo un diseño, realizo el esquema de desarrollo y luego lo plasmo como un ballet, como una combinación de viento, fuego y agua. Desde niño siempre estuve concentrado en mis contenidos, cuando tenía 12 años tenía escrito todos los nombres de los grandes pianistas del mundo y leía todos los libros que estuvieran a mi alcance. A los 14 había leído la mayoría de las obras de los premios Nobel de literatura, y a los 16 había recibido cursos de extensión en la Universidad de la Habana sobre literatura española y Bellas Artes.

RFP: Momentos que siempre vas a recordar...

Luis Lugo: Cuando el pianista Rudolf Kerer estuvo La Habana, al finalizar su concierto en la sala de música de cámara del Museo de Bellas Artes, me acerqué a él, tenía 15 años, y le dije que era pianista, Kerer me miró fijo a los ojos y me dijo: - Pues bien, toca para escucharte, e interpreté el estudio No. 1 Opus 39 de Rachmaninoff, a partir de entonces surgió un vínculo entre nosotros que nos unió para siempre, otro momento inolvidable la mañana en que Lev Vlasenco – Segundo Premio del Concurso Internacional Tchaikovski el año en que Van Clibert gana el Primer Premio- me encontró a la entrada del Conservatorio de Moscú en Bol'shaya Nikitskaya Ulitsa, 13/6, me dio un abrazo diciéndome a viva voz: -Lugo, estás altísimo... ¡Altísimo!-, los estudiantes que me rodeaban me miraron m sorprendidos, fue algo inusual en el trato de los profesores. Jamás olvidaré mis conversaciones con Pletnev, Primer Premio del Concurso Internacional Tchaikovsky, cuando me visitó un par de veces en mi habitación de la residencia de estudiantes, en mi criterio, el mejor pianista del mundo.

RFP: Una cualidad que admiras en los seres humanos...

Luis Lugo: - La ductilidad de entender el poder de las ideas a través del lenguaje musical.

RFP: ¿Qué le recomendarías a jóvenes estudiantes de piano y de música en general?

Luis Lugo: - Que hagan todo lo posible por ser mejores personas, para que puedan entender la música. Olvidarse de las bagatelas y de la cursilería, quiero decir, obviar los fenómenos circenses. En lo clásico, la expresión corporal, sentado en la banqueta de un piano, cuando no se tiene imagen artística desarrollada, no llena los vacíos en cuanto a técnica y la carencia de una cultura estética. Les recomendaría sacar todos los falsos ídolos musicales que ha creado la industria de la música de su apreciación y de su memoria musical. En la actualidad existe una lamentable ausencia de intérpretes y predominan los hechos visuales sin musicalidad, estamos viviendo una época de ausencia de intérpretes de la talla de Elena Burke, Omara Portuondo Elis Regina ,Mercedes Sosa, Freire, Marta Arguerich , Guiomar Novaes, Claudio Arrau, Chucho Valdés , Gonzalo Rubalcaba , Roberto Urbay , Tania María , Moreira Lima y Jorge Luis Prats a escala continental, Los responsables son los mal llamados "compositores" en boga y la formación poca profunda de las instituciones académicas , las obras pobremente orquestadas y peor grabadas por técnicos de sonido que no son realmente profesionales. Las actuales estrellas de la música popular en su mayoría responden a los intereses de sus representantes y de los anunciantes que responden a los intereses de empresas comerciales globales que los convierten en objetos de consumo masivo. Los estudiantes tienen que convertirse en seres pujantes del desarrollo artístico, y analizar los productos artístico-musicales que viajan por las redes sociales y los webs, aunque tengo que reconocer que en los últimos años la presencia de músicos expertos de Europa del este y de algunos latinos, ha influido positivamente en la industria de la música y la restructuración de algunas instituciones.

RFP: En los circuitos de la llamada música culta, con frecuencia, existe prejuicio respecto a los afrodescendientes que desean dedicarse a la música de concierto, ¿cómo impactó tu vida artística esa proyección?

Luis Lugo: - No tengo la capacidad de percibir la negatividad de los dueños de los grandes circuitos. Bob Dylan se refirió a la problemática de los músicos afrodescendientes, y ni hablemos del suburbano Kanye West. Mi experiencia es otra, en los lugares donde estudié siempre me respetaron, y pusieron todos los recursos a mi favor, pero siempre soñé poder unificar a los artistas afrodescendientes del planeta no como un sindicato, si no como una unidad espiritual-artística que nos permita tener presencia en los grandes escenarios internacionales, en la América Latina, Norteamérica y Europa.

Hay muy pocos afrodescendientes intérpretes de música de concierto en los catálogos de las discográficas y las instituciones musicales importantes , somos un pequeño grupo y existimos a pulmón, porque no existimos comercialmente, somos un reflejo estético, en medio de una ausencia total del representatividad a escala global en pleno siglo XXI , lo ideal sería poder acceder, como en la música popular, a los escenarios internacionales y a la promoción, el arte de los afrodescendientes hace 80 años atrás era una piedra en el zapato , hoy es una trompada, y si no tienen en cuenta la importancia de la influencia de nuestra esencia, la actual música tendrá fecha de vencimiento a escala global. De hecho, observa la tendencia de los ganadores del Eurovisión, me refiero a Jamala, incluyo el dj de Israel por cortesía, la ganadora de este año, porque la influencia de elementos de origen africano es positiva, pero el resultado sonoro es pobre, quizás si se trabajaran profesionalmente esos elementos podría ser realmente trascendentes.

Para que las minorías -como concepto global-, puedan ascender a los escenarios de la música de concierto, habría que forjar una conciencia desde la niñez, y evitar que se contaminasen con la mala música preexistente, reciclar los contenidos, hasta convertir la cultura de masas en un hecho cualitativo, eso contribuiría a la aceptación de músicos afrodescendientes y de otras minorías en los circuitos internacionales de la música clásica y de todos aquellos que se sientan marginados.

RFP: ¿Cómo defines a Luis Lugo?

Luis Lugo: - Tengo 10 dedos que según Plácido Domingo podrían ser 12. Mis dedos son como indios guerreros con una gema de diamante en mi frente en un poderoso corcel que es el piano, lo resumo citando estas críticas:

…" Es el inconfundible sello de la tradición pianística cubana con el virtuosismo de la escuela rusa de piano. "…con un sonido muy profundo, el artista enriquece a la escuela rusa con el cálido temperamento de su tierra natal".

Concierto en Moscú 2009 Elena Dolenko (Doctora en Ciencias musicales).

…Lugo demostró que posee oídos de oro, alma de manantial y dedos de acero, digna de cualquier antología sobre el melodismo del romanticismo europeo... La versión de Lágrimas negras de Miguel Matamoros que Lugo interpretó en medio de una ovación en la sala del Conservatorio rompió esta vez el protocolo y en su desenlace estimuló la participación. Artistas e invitados coincidieron al final en el calificativo de inolvidable. Prensa Latina. MOSCÚ

(Tomado del concierto en el 50 Aniversario de Prensa latina)

RFP: Háblanos de tu estancia en Argentina.

Luis Lugo: Llegué a Buenos Aires en 1995, a ofrecer conciertos con mi hermano Alexis Lugo que es un violinista virtuoso.

Irrumpí en la escena artística y social de Argentina, y fui invitado a participar en la mayoría de los programas de la televisión abierta y de cable de música clásica y popular. Desde esa fecha realizo regularmente conciertos en los escenarios de teatros y festivales de música clásica, popular, latina, y de jazz, de Argentina Chile y Uruguay.

Tuve la posibilidad de integrar el jurado del Quinto Festival Internacional y Concurso de música de Buenos Aires realizado en el Teatro Colón de Buenos Aires, impartiendo clases magistrales en dicho evento.

Toda mi actividad artística ha recibido el reconocimiento y apoyo institucional a través de 18 declaraciones de interés cultural por la Secretaría de Cultura de la Nación Argentina y de Uruguay, y de la mayor parte de las ciudades argentinas, al igual que la distinción de Huésped de Honor de la Universidad de Rosario en Argentina. Mi tour "The Cuban Experience" fue declarado de interés parlamentario por la honorable cámara de diputados de la nación argentina.

En la actualidad prosigo con giras y conciertos por diferentes ciudades del mundo y presido Afro Cuban Concert Music contenidos y desarrollo artístico, Agencia con lo cual impulso proyectos socioculturales en materia discográfica y desarrollo de carreras artísticas, para talentos, cuya finalidad es promoverlos a escala global.

RFP: Un mensaje para los lectores y el público en general.

Luis Lugo: Mi mayor deseo sería que cuando el público lea esta entrevista reconozca a un artista de una isla que cuenta con una herencia cultural muy rica, y que encuentren en mi música mi propósito de llevar el Universo a mi música y mi música al Universo, si eso se lograra, entonces se podrá decir que me he

realizado; por eso los invito a conocer mi mundo artístico-
musical.

Para escuchar interpretaciones de este pianista, visitar
youtube.com

POESÍA

Poema I

Estos versos nacen del paso a la corola,

en los vigías que vieron los desastres

con su burbujeo nervioso y su testimonio mudo.

Nacen del tronco de las latitudes,

de la yunta y la herramienta origen del origen,

de los objetos familiares y sus muertos;

nacen de las mareas y los acontecimientos.

Les fueron dados a espalda de los dioses

el agua acantonada entre los pliegues,

monedas ennegrecidas, olvidadas barriadas

donde grabar los nombres en ladrillos,

amorosas compañeras esperando

a las puertas de bordes maléficos y acechos,

lechos donde el papel, apenas descubierto,

sirvió de abrigo con noticias de destierros.

Hablarán para cambiar el color de las ferias

cuando hayan anclado en algún sitio.

Sus mantos limpiarán nuestras huellas

y cuatro palomas galoparán raudas

sobre nuestras vidas,

detonando como flores al caer.

Mercedes

"El amor es un misterio no tan misterioso."

Jorge Fuentes

Hoy tengo ganas de gritar Mercedes,

La que mi alma consuela sin cesar.

Cantar mi serenata,

la que cantaban en las plazas mis abuelos

cuando naciste mestiza y tierna,

tú, la miel que nos faltaba.

Hoy me recuerdas la Virgen de Santiago

y las cecilias historias de la Habana Vieja.

Niña en amores,

que nunca broten de ti lágrimas mías,

que nunca partas sin dejarme huellas.

Hermosa niña, esta es mi serenata:

tú eres el texto y la guitarra,

el más tierno poema,

las rocinantes historias de la Habana Nueva.

Hoy tengo ganas de gritar Mercedes:

la que mi alma consuela sin cesar.

Sentir que la he tenido

y detener el tiempo que se va.

Tejedora

Las naves fueron quemadas y un madero navega

(a la deriva.

Sálvalo tejedora,

dale de comer en tus manos de leche

dale tu sabor a fruta fresca,

a monte prometido

y que el recuerdo sea el único sobreviviente

del naufragio.

Tejedora,

yo no quiero tu hebra fina

donde el corte quiebra por cualquier esquina

ni el beso material,

ni la red,

ni el vientre.

Ando de jinete en tierra firme

y tu olor se mece,

sin saber que llega rodeado de tus nombres

(y tus voces.

Ando de litoral.

Lástima que no pueda ser velero.

Seres como Arpas

"El tiempo es una coordenada del espacio."

Albert Einstein

Hay seres como arpas,
que en la canción transmiten
al hombre su estatura.
A ellos llega el martirio
como una nota en la cuerda.
¿Serán quizás los mensajeros del espacio
o los hijos nacidos por la bondad del tiempo?

Cruzando mares

Siempre van conmigo, cruzando mares,
mi casa, mi patio, mis retratos
y las paredes que pintaron con amor
            mis esperanzas.
Al partir,
veo una reja que cumple treinta años,
como un Tiovivo en un puerto.
Vengo de él y vuelvo, siempre regreso, madre.
La diviso desde lejos, como un faro,
parada junto al trinquete,
inmensa como una travesía,
rodeada de plantas y corales, bella;
tu amor me basta para el día de la muerte.

TEATRO

En el Parque

(Obra de teatro en un acto)

Personajes:

Rebeca

José Jacinto

El Corifeo

El coro

La solista del coro

Poco antes del amanecer Rebeca y José Jacinto yacen sobre el césped del Parque Central de New York. A unos pasos de un banco, han dejado un carro de supermercado con bultos de ropa y diversidad de tarecos y vasijas.

José Jancito se incorpora, se estira y luego busca en una bolsa un pedazo de pan duro y una botella plástica con agua.

José Jacinto: Rebeca, ¿conoces alguna desgracia que no nos haya sido legada por esa raza vil de hombres que ondea sobre la tierra? ¡Qué locura! Y pregonaban a diestra y siniestra que habíamos llegado al final de la historia.

¡Me cago en diez Rebeca, despierta que te estoy hablando!

Rebeca: (Bosteza una y otra vez) ¡Ah! ¿De veras?... ¿Cómo es posible que abras los ojos todos los días a la misma hora e inicies el día con los mismos temas?

José Jacinto: (Le brinda un pedazo de pan duro; Rebeca lo rechaza haciendo una mueca de asco…) No te quejes, si no fuera por ese reloj ecológico, "como tú le llamas" … ¿Cómo podríamos diferenciar el tiempo del no tiempo?

El coro del público: Tu padre viene para persuadirte, sus pasos van a llegar hasta el fondo de las cavernas de tu alma.

Rebeca: ¿Ves esas siluetas José Jacinto? (Pregunta señalando al vacío)

Buscan personajes que se les parezcan y se hunden en la penumbra del lunetario para marcar territorios… El barbudo que me violaba todas las noches en el hospital ya sabe que estamos aquí…

José Jacinto: Estás delirando Rebeca. No voy a resistir otro invierno deambulando de un lado a otro por esas malditas voces. Mira como tengo estas manos engarrotadas por el frio y las piernas inflamadas de tanto caminar, si es que para avanzar me arrastro. (Se levanta y da unos pasos con dificultad)

El solista del coro: En vez de regodearte en tus sufrimientos, abriga su temor y estremécete por lo que les espera. ¿A qué punto habrán de llegar para que nos escuches?

Rebeca: ¿Delirando? ¿No los oyes?, ¿No los ves? Están en todas partes… No me vas a decir que no los sientes cuando transpiran. ¡De aquí tenemos que irnos!

José Jacinto: Rebeca, ¿no te das cuenta de que esos seres son de tu propiedad? Tus eternas compañías, tus oráculos, tus representaciones, no insistas en meterme en ese lío. Yo tengo suficiente con el conflicto que nos ha creado esta obra. Tú los oyes y me obligas a hablarles. ¿Qué más quieres que haga?

Rebeca: ¿Representaciones? ¿Conceptualizaciones?... ¡Mira como estoy! Soy un andrajo de mierda. ¡Mírame con piedad por favor! Tenemos que irnos antes de que amanezca. Solo de pensarlo se me ponen los pelos de punta. (Se levanta y comienza a escudriñar con ansiedad entre los arbustos y el follaje)

José Jacinto: ¡Cálmate por favor! Te prometo que en cuanto amanezca nos iremos para siempre. (La abraza, se sientan en el banco)

Rebeca: Nunca has querido decirme lo que te dijeron sobre la obra de teatro…

(José Jacinto Se incorpora, realiza ejercicios de expresión corporal como suelen hacer los actores en las clases de actuación)

El coro: Le dijeron que el teatro es contradictorio. Obras que parece que no funcionarán en las tablas, lo logran porque hay detrás un director de actores que le impregna una tremenda dramaturgia a la puesta en escena, o porque el público las necesita y de pronto…La obra se hace grande y crece y crece y crece….

José Jacinto: Es por eso que han hablado como si yo fuera invisible. Comenzaron a leerla en alta voz y la relación con los personajes fluía; daba la impresión de que "Algo importante iba a ocurrir"… Pero a partir de ese momento, lo importante que iba a acontecer nunca llegó a suceder y de repente preguntaron:

El coro: ¿Cuál es el asunto?... ¿De qué trata esta obra?... ¿De la mascarada de la tolerancia?... ¿De la falta de reconocimiento?... ¿Del racismo?... ¿De las clases sociales?... ¿De la exposición teatral del amor?...

José Jacinto: Y concluyeron diciendo: - Es un tema recurrente, un lugar común de los libretos escritos para las telenovelas…

Rebeca: ¿Y eso qué tiene que ver? A mí me parece que es atractiva. Se concentra una fácil; te predispone positivamente y te desdoblas hasta darle al personaje todo lo que has aprendido.

(Camina de un lado a otro meditando, José Jacinto la sigue de cerca) Ya sé, piensan que la obra pasa de un asunto a otro y que en ninguno se profundiza…

El corifeo: …Y Al final los espectadores no llegan a entender por qué se van los personajes…

Rebeca: (Toma por un brazo a JJ lo detiene y le habla cara a cara) ¡Ah!... Te dije muchas veces que en escena los conflictos requieren de una solución. ¡Una solución! A fin de cuentas, el amor no es tan fuerte como para salvarnos; pero los hombres nunca escuchan a las mujeres porque se las saben todas. Arrastramos una tremenda cantidad de asuntos y no ocurre nada... ¡Nada! Sólo se mencionan y ni siquiera alcanzan la fuerza dramática que justifique esta puesta en escena. El final debería ser climático…¡¡Climático!! «Cómo me gusta esa palabra; me sabe a sexo» y lo que estamos creando es un anticlímax…Tienen que pasar cosas José Jacinto, tienen que haber sucesos…A esta obra le han robado algo.

José Jacinto: Quizás le robaron el origen…Todo comenzó en ese barrio poblado por espíritus que se comunican con los vivos a través de vasos de agua que llaman "asistencias".

Rebeca: No seas tan didáctico y muéstrame cómo lo hacían.

José Jacinto: Espera un minuto y lo convierto en acción… (Toma un vaso plástico de uno de los bultos, lo llena de agua lo coloca sobre la tierra arranca el gajo más grueso que tiene a mano, lo desgaja, da tres golpes sobre un pedrusco y ora)

Ibbae eggún que ibbae layentunu, kimbelese, kimbelorum…y luego de este rito ceremonial se mencionan a los difuntos, les ponen café humeante y les encomiendan su suerte. ¿Qué te parece?

El coro: Estos son seres que sufren de un síndrome colectivo, privados de encontrar salida, divagan como almas que no pueden reconocerse.

Rebeca: ¿Y Piensas que existe un lugar como ese? Mi padre siempre ha dicho que no vale la pena viajar a ese sitio para ver derrumbes.

José Jacinto: Tu padre no le mandaba dinero a tu abuela para que ese dinero no fuese a parar a las arcas del estado y… ¿quién sabe cómo terminó sus días la pobre vieja?

Rebeca: Y yo te pregunto: ¿Estás dispuestos a reescribir la obra desde el principio?

(José Jacinto se arrodilla saca de un bulto unos papeles, los hojea con detenimiento, Rebeca se acerca y pone sus manos sobre sus hombros con gesto amoroso)

José Jacinto: No sé si podría, estoy empeñado en representar la vida como un acto supremo del oficio…Dicen que no funcionaría en escena…Pero ¿quién podría asegurarlo?

Rebeca: Es un problema de lenguaje Jacinto, esta obra no llega a ser un espectáculo. Quizás funcionaría como un relato o como un cuento. ¡A mí me encantan los cuentos! …. (José Jacinto se tapa los oídos, no quiere escuchar más y se interna en la profundidad del parque, Rebeca Intenta detenerlo, pero desiste, regresa al banco y habla consigo misma)

Con esos cultismos desaforados no hace más que distanciarse. No acaba de entender que la rima está en la grieta. Grieta y rima son la misma cosa. ¿Qué hemos sido? ¡Pura grieta! Tienes que pedirle a los Santos que te ayuden con esta obra.

José Jacinto: Sí, voy a pedirle que todos los autores de obras de teatro puedan ver sus obras en escena…. Pero pensándolo bien, mejor le pido por la mía y que cada cual le pida por la suya ¿no te parece?

Coro: ¿Por qué te escondiste?

José Jacinto: (Mirando al cielo) Tuve miedo… Sentí miedo de su ira y me escondí. La mujer que me dio para que estuviese conmigo me hizo comer la fruta prohibida y así es que caí…

El corifeo: ¿Qué es esto que has hecho mujer?

Rebeca: La serpiente…Ella me engañó. (Contestó acurrucándose en pose fetal sobre la tierra). La serpiente…Ella me engañó con un anuncio subyugante que apareció en el New York Time en letras gigantes que decía:

"De McDonald a la eternidad"

El coro: ¡No los ayudes! Te darán la espalda una y otra vez y otra vez hasta el final de este sistema de cosas.

El solista del coro: Aumentaré en gran manera el dolor de tu preñez; con dolores de parto darás a luz hijos, y tu deseo vehemente será por tu esposo, y él te dominará.

José Jacinto: Entonces esperaremos por el cumplimiento de la promesa.

Rebeca: ¿Esperaremos has dicho?...

José Jacinto: ¡Sí! Eso he dicho y tú… ¿Volverías a pecar?

Rebeca: No lo pensaría dos veces. (Se abraza a José Jacinto)

José Jacinto: ¡Cuidado con esa declaración que acabas de hacer! Esos que están ahí afuera podrían perseguirte y apedrearte hasta que mueras.

Rebeca: ¿Qué podría salvarnos? (Se sienta sobre las piernas de José Jacinto en el banco)

José Jacinto: Tener un hijo.

Rebeca: ¿Un hijo?... ¿Tener un hijo?... ¿Te imaginas la cara que pondrían mis padres?… (Se levanta de un salto y lo mira con perplejidad)

El corifeo: Así es que te revuelcas en la cama con ese negro y vienes con esa cara de mosquita muerta a decirnos:

-        ¡Estoy embarazada! –

El colmo de los colmos…a ver… ¿a quién le pediste permiso para hacerlo? ¡Lo disfrutaste! ¿Eh?, seguro que lo gozaste… ¡Pues ese es tu problema!

Rebeca: ¿En qué siglo están viviendo?

El corifeo: En este siglo, como todo el mundo. Una rata de cloaca. ¡Una mierda! Eso es: ¡Una rata de mierda!

Rebeca: No voy a hablarles nunca más. ¿Me oyen?... ¡Nunca más!

La solista del coro: ¡Esta escena es patética! ¡A nosotros ni nos miren!

José Jacinto: Mamá, ni siquiera la conoces. No la has tratado. Está decidida a dejarlo todo por mí….

La solista del coro: ¿Dejarlo todo?… ¿Por ti? ¡Qué ingenuo eres! Esas son malacrianzas; antojitos, lujos que se dan esas blanquitas ricas.

José Jacinto: Pero es mi vida…

La solista del coro: ¡No! No es tu vida. Es la vida que yo te di y a la que he dedicado la mayor parte de la mía. ¿Olvidas el sacrificio que tuve que hacer para traerte a este bendito país? Casi tengo que empeñar el culo. Eres igual que tu padre, un malagradecido ¡Lo llevas en la sangre!

José Jacinto: ¿Podrías explicarme por qué tienes que meter a mi padre en todo lo que pasa en esta casa?

La solista del coro: Porque el muy hijo de puta tiene que ver con todo. Si la preñaste, te buscas un trabajo y la mantienes. ¡Aquí no la queremos!

José Jacinto: ¿Sabes una cosa? Estoy harto de oírte decir siempre lo mismo. ¿Qué culpa tengo yo de que mi padre te haya dejado por un hombre? No has hecho otra cosa que castigarme por esa causa desde que nací. No te imaginas lo que me han hecho sufrir tus resentimientos. Me voy a ir con Rebeca y no me volverás a ver la cara. (Se esconde entre el follaje)

La solista del coro: ¡José Jacinto! ¡José Jacinto, no cometas una tontería de la que te vas a arrepentir! ¡José Jacinto! (Grita con todas sus fuerzas y se echa a llorar con desesperación)

El coro: José Jacinto "Yo Soy" inventó la comedia para que los mortales pudieran soportar la tragedia.

José Jacinto: Entonces…-dice y se queda pensativo- Juguemos a los escondidos. (Saca una moneda de sus pantalones) ¿Cara o Cruz? (Lanza la moneda al aire)

- ¡Cruz! - grita José Jacinto y atrapa la moneda en la caída. ¡Cruz! Te quedas so cabrona, así es que… ¡A contar!

Rebeca: Eso de la cruz no me hace ninguna gracia, pero ¿qué le vamos a hacer?… (Apoya la cara sobre los antebrazos en el tronco de un árbol y cuenta en voz alta)

Uno, dos, tres, cuatro, cinco, seis, siete, ocho, nueve y… ¡DIEZ! ¡El que no esté escondido se queda!

(José Jacinto se ha agachado detrás de un arbusto. Rebeca lo busca, desaparece entre el follaje y al rato regresan besándose, se desvisten, reconocen sus cuerpos, se acuestan sobre una sábana sucia que han tendido sobre la hierba y se aman a plenitud).

José Jacinto: ¡Oh! … ¡Qué bella eres!

Rebeca: La infelicidad de este día nos lleva al temor y al recelo. Es como un rayo en la noche que nos ha partido en dos antes de que hayamos tenido la oportunidad de encontrar respuesta a nuestros dilemas.

José Jacinto: ¿Por qué no hablas con un lenguaje más coloquial? tienes tendencia a la grandilocuencia; por favor, Rebeca, no le pases esa forma de expresión a tus personajes.

Rebeca: ¡Ay! José Jacinto, ¿Por qué eres tú y no otro? ¡Pobre de mí! Ya no sé cómo parar. "¡Vistámonos! El día se acerca, quisiera que ya te hubieses marchado y al mismo tiempo que no te alejes".

(Se visten y se sientan en el banco a mirarse)

José Jacinto: Y... ¿Si hubieras sido ola?

Rebeca: Habría borrado las desgracias de la isla, testigos de los ciclos, los acontecimientos, las ofrendas.

Y... ¿Si hubieses sido diluvio?

José Jacinto: Habría inundado el barrio de mi dolor de panes y de peces.

Rebeca: ¿Y Nuestro amor...Sobrevivirá? ...Siento que estamos actuando un libreto que corresponde a un texto muy, pero muy antiguo.

José Jacinto: (Se arrodilla frente a ella y le besa las manos tiernamente)

¡Ah! ¡Cuánta fragilidad hay en tus manos! No somos más que un día sin origen... ¿No te das cuenta de que nuestros iguales no han entendido nada? ¡Míralos!... ¡No han entendido nada!

Rebeca: (Rebeca saca un papel y un marcador de su mochila y escribe un texto) "Que reposen sobre el tiempo estas ficciones" ...

(Clava el papel en un árbol con un clavo que yace en la tierra)

Si este árbol pudiera contarnos su historia de árbol... ¿Te imaginas JJ?

José Jacinto: (Se agacha para tomar un periódico que se encuentra tirado debajo del banco) No me llames JJ. No me gusta, bien lo sabes.

Rebeca: Léeme los titulares, sólo los titulares. No soy una estúpida – como dice tu madre-….

José Jacinto: Los economistas desempolvan libros de Carlos Marx ante el tsunami de la crisis. 170 millones de niños viven en las calles. Comenzarán a sentirse los efectos del calentamiento terrestre en los próximos años en todos los continentes y como resultado de las emisiones de gases a la atmósfera a fines de este siglo las ciudades de la costa este se hundirán bajo las aguas.

El corifeo: ¡Basta de titulares! ¡A callar contestatarios!

Rebeca: ¡Eh! ¿Y este se ha creído que es un galán de la televisión o qué?…

Lo que yo necesito es que me diga qué hacer con nuestras vidas.

José Jacinto: Este sitio no es un escenario, es un parque Rebeca… ¡Un parque! (Le pone las manos en la frente)

Estás volada en fiebre. Voy a hacer un depósito y regreso enseguida.

(José Jacinto se interna en la espesura)

Rebeca: ¿Un qué…?

José Jacinto: (desde lejos) ¡Que voy a cagar Rebeca!

Rebeca: (Como su madre) Decirme a mí… ¡A mí! que soy racista. Yo que siempre he estado en el lado positivo de la vida. Mi mejor amiga de la infancia era una negrita. Esta mordida… (Enseña las nalgas) fue un Pastor Alemán durante una manifestación contra la guerra de Viet Nam. ¡Racista! Si a mi casa viene gente de todo tipo y los vecinos se asombran de que los recibo como si fuesen parte de la familia. Lo que pasa es que Rebeca no entiende que quiero evitarle sufrimientos…Al fin y al cabo es mi hija y eso es diferente… ¿No?

José Jacinto: (Regresa)… Sigues hablando sola ¿eh?...

Rebeca: (Se abraza a José Jacinto) Te amo como a mí misma.

José Jacinto: ¿Quién osará lanzar la primera piedra? He tomado una virgen del pueblo.

Rebeca: Me deberé a ti. ¡Háblame de tus viajes! En un momento más, será temprano…

José Jacinto: Recorrí la línea costera de esa isla donde Los pobladores nacen con vocación de marinos, son una raza que desdeña el nido. Navegantes tales que no tienen comparación en la historia de la navegación.

Rebeca: ¿Y en qué clase de embarcaciones navegan ellos?

José Jacinto: En balsas. Sólo en contadas ocasiones han utilizado embarcaciones convencionales.

Rebeca: Podrás decirme al menos qué instrumentos de navegación llevan consigo.

José Jacinto: En las travesías marítimas no llevan ni brújulas, ni mapas, ni anclas; su rosa de los vientos es sólo la esperanza. Nos han bautizado con el nombre de balseros y miles de ellos han terminado sus días en el fondo de los mares. Ciudad-Isla posee una muralla-frontera que se construye dentro de sí misma con increíbles grietas donde ha surgido una placenta-telaraña protectora y nutriente para que los navegantes nazcan, respiren y crezcan. Le he enviado las coordenadas de ese sitio a Ítalo Calvino a ver si logra encontrar esa ciudad sitiada.

(Se acuesta en el banco y Rebeca le canta)

>Duérmete mi niño
>
>duérmete mi amor
>
>duérmete pedazo
>
>de mi corazón.
>
>Este niño mío
>
>que nació de noche
>
>quiere que lo lleven
>
>a pasear en balsa.
>
>A - rro - rro mi niño
>
>a - rro - rro mi amor
>
>a - rro - rro pedazo
>
>de mi corazón.

(José Jacinto se queda dormido en posición fetal Rebeca le acaricia mirándole como si fuese la última vez)

El coro: ¡No!... ¡Todavía no Rebeca! cuenta los dolores de parto para que todo se sepa por tu boca.

Rebeca: (Se cubre la cabeza con un pañuelo blanco y habla como una anciana) Los hombres son como niños…Le advertí que iban a causar muchos disgustos, pero él, de voluntarioso no prestó oído a mis consejos y el que no oye consejos, no llega a viejo. Así no se hacen las cosas hay que darle tiempo a la gente para asimilar los cambios... No hay que armar tanto revuelo, a fin de cuentas. Cuando yo tenía esa edad ni hablar se podía y ¿opinar? Muchísimo menos (Si lo sabré yo) pero hay que aceptar que los tiempos cambian… ¡Y de qué manera!

José Jacinto: (Se levanta súbitamente) ¡Abuela! Y dale con la misma cantaleta…. ¡Abuelaaaaaaaa!

Rebeca: (Como su madre) Claro, siempre estás en la calle "trabajando" y nunca te has preocupado por saber dónde se mete tu hija. Ahí tienes, ahora no te quejes.

José Jacinto: (Como el padre de Rebeca) Tú tienes que poner fin a esa relación con el negrito ese, o me van a obligar a llegar a un hecho extremo.

Rebeca: (Como la madre de Rebeca) Nosotros también somos cubanos, ¿o no?

José Jacinto: (Como el padre de Rebeca) ¡Sí! somos cubanos, pero diferentes.

Rebeca: ¿Diferentes? Tú, el paladín de las causas Justas. El que estuvo dispuesto a morir luchando contra la tiranía dices algo semejante….

José Jacinto: Si yo… ¿Y qué? Sabía que ese tipo iba a ejercer una mala influencia sobre nuestra hija… ¡Lo sabía! Y no me vengas a tocar el violín del "buena gente" porque el "buena gente" tiene familia y amigos. Empezó saliendo con el "buena gente" y ha terminado revolcándose con toda su tribu.

Rebeca: ¿Cómo puedes hablar así de tu propia hija? …Tú sabes que ella fue diagnosticada desde temprana edad.

José Jacinto: ¡A freír tusa los diagnósticos! Ella es una simuladora y él es un perfecto farsante.

(Se hace un profundo silencio entre ellos)

Rebeca: ¿Por qué te has quedado callado? A fin de cuentas, esto no es más que un ejercicio de actuación…Teatro dentro del teatro, una obra posmoderna: Narraturgia, "como le llaman ahora".

¡Improvisemos una oda! ¡Ahí te va el primer verso!

Yo sé de un beso como un tatuaje, voraz y tierno como una oca.

José Jacinto: Yo sé de un beso bueno y salvaje, nombrando mitos, feroz, fugado.

Rebeca: Se está haciendo tarde, tan tarde, que en un instante más amanece….

(Rebeca sale de la escena)

José Jacinto: No se trata de un capricho… ¿Eh? ¡Rebeca! ¡Rebeca! (la llama desesperada) Quieren hacerte una pregunta (Dice señalando al lunetario imaginario) ¡Rebeca!

El coro: ¿Cuál es el tema de esta obra?

(Rebeca regresa, busca en una mochila y saca un cuaderno de notas, lo hojea lentamente)

Rebeca: La vida misma, para que lo sepan de una vez y por todas.

José Jacinto: ¡Efectivamente Rebeca! Porque la vida es un teatro del absurdo.

La solista del coro: ¿Ustedes saben lo que significa pagar por una entrada y venir al teatro a ver este absurdo?

Rebeca: (Se sienta frente al coro) Voy a contestarle esa pregunta, voy a hablar con ustedes sólo por esta vez…

Comencemos por reconocer que no somos célebres. Ni siquiera hemos logrado escribir una línea que trascienda; cargamos con nuestra cruz cubierta por una telaraña de sueños....

A mí el tema de la obra me enreda, pero escuchen bien lo que voy a decirles:

¡No nos importan los delirios totalitarios!

¡No nos importa el desdén de los pudientes!

¡No nos importa el enigma de la muerte!

Y les pregunto:

¿Cómo nos sorprenderá el amanecer?

Coro: Los que han cuestionado las prohibiciones serán acusados y condenados por intentar ser iguales a los dioses. Es así como los sorprenderá el amanecer Rebeca.

(Rebeca regresa cabizbaja al banco)

Rebeca: Estas voces son enviados del barbudo. ¡No los oigas José Jacinto!

José Jacinto: (Como el padre de Rebeca) ¿Te acuerdas de tus obsesiones tormentosas? y de buenas a primera… ¡Zas! Todo terminaba como por arte de magia. Ahí está, muriéndose de risa, la piscina que construimos para la nadadora que iba a ganar medalla olímpica…. Pensabas que siendo nadadora podrías visitar la Isla…Esta vez no voy a reírte la gracia. Siempre lloras porque no tienes por qué llorar. ¡Olvídate del negro Rebeca!

(José Jacinto se queda a su lado, pero le da la espalda)

Rebeca: Es cierto que no tenía nada que ver con el personaje que mi padre se inventó para mí, él no aceptaba que yo fuese diferente, al final de esta historia se verá que él está más jodido que yo, y es que todo lo cambió el poema que José Jacinto puso entre mis manos el día que dio inició al trabajo de mesa de esta obra…

José Jacinto: (Saca un papel roído del bolsillo de su pantalón se sube al banco y lo lee…)

Te he visto pasar desde la puerta que atesoro,

una puerta que nunca ha sido mía

pero que custodio contra la traición.

Por tus ojos supe que un lado de tu rostro

me pertenecía;

la locura que viaja en carteras de incertidumbre.

Nunca has sido tú, sino la otra:

la que provoca el misterio con su paso.

Leerás con sorpresa mis palabras,

musitando en las tertulias

de tu corazón;

así son las fantasías del Aquilón.

Soy un hombre que encuentra eternidad

donde otros olvidan.

No vas a despedirme,

Ni siquiera te enviaré una frase de las redes.

Voy a conquistarte con adioses,

con mi existencia en este país

que nada tiene que ver,

con el anonimato,

con lo que no sabes de tus pechos.

Voy a conquistarte con la locura

de un siglo que no quiere morir.

Rebeca: ¿Qué hace una después de escuchar un poema como ese?

Coro: Entregarse, mostrarse con el destino atado al cepo de la sorpresa. Sentir por momentos que en algún lugar se encuentra el paraíso, en alguna hierba embriagadora y luego beberte los deseos, las ganas de pecar… ¿Qué más?

Rebeca: (Habla como la madre de José Jacinto) José Jacinto, los zapatos los dejas en la puerta. ¿Me oyes? ¡Ah! y lávate esas manos!

¿Me estás oyendo? Ya no sé qué cosa hacer para quitar las machas de la alfombra. Bastante tiene una con tener que lidiar todo el día con la mugre de la calle, este mundo apesta, ¿Para qué carajo pagamos impuestos si ni limpian las calles? ¿Dónde te metes que traes la ropa sucia y los tenis llenos de mierda? Voy a tener que empezar a pensar que lo haces para molestarme…No puede haber otra explicación. ¡Cierra las ventanas que se llena la casa de polvo! ¿Será posible que tenga que decirte las mismas cosas todos los días? Esas manchas me van a volver loca. ¿Sigues saliendo con la putica esa…?

No sé para qué te pregunto pendejadas si eres igualito a tu padre…. No me vas a contestar. ¿No me quieres hablar porque te digo las verdades en la cara?

Cada oveja con su pareja. ¿Me oyes?… ¡Cada oveja con su pareja! Las parejas multirraciales -como les llaman ahora-, no funcionan. ¿Oíste?... ¡No funcionan!

La solista del coro: ¡Bravo, Rebeca! Nunca has interpretado un monólogo con la fuerza interior de este instante, te felicitamos de veras. Hemos quedado impresionados con tu actuación. (Aplauden y gritan ¡Bravo! ¡Bravo!)

El corifeo: Lo que hemos visto hasta ahora es pura semiótica, filosofía existencial atrapada en esas almas.

José Jacinto: ¿Cómo saber que hemos logrado convertirnos en espectáculo?

Rebeca: Quizás habría que repensar este acto como una obra virtual para saberlo.

Coro: Se está haciendo tarde para eso….

La solista del coro: Háblanos de tu vida y deja que la estructura dramática encuentre su escenario.

José Jacinto: Antes de que navegara rumbo norte, estuve desde niño en un anfiteatro con capacidad para reunir a todos los ciudadanos de mi Ciudad-Estado. Nos convocaban con altoparlantes y amanecíamos enarbolando carteles, banderas e imágenes del actor-líder; quien después de una ceremonia introductoria, improvisaba monólogos basados en un guion muy bien escrito. Al finalizar su actuación ante la multitud enmudecida, los fieles seguidores aplaudían delirantemente y repetían su nombre con una sincronización perfecta hasta llegar al orgasmo ideológico y un día del cual no tengo recuerdo acordaron secretamente cambiarle el nombre y de anfiteatro pasó a ser oficialmente:

Coro: ¡Plaza -Teatro de las Alucinaciones Constantes!...

Rebeca: (Toma el periódico y lo interrumpe)

¡Escucha esta noticia José Jacinto!

Ciudad-Esperanza ha sido totalmente arrasada. Los frutos del árbol de la vida han sido prohibidos, quienes se han atrevido a comerlos han muerto en circunstancias misteriosas por tratar de llegar a la puerta de salida que conduciría a otros mundos donde depurar las manchas adquiridas desde el origen primero.

José Jacinto: Ahora recuerdo lo que una y otra vez me has preguntado; el día de la lectura de la obra, los dramaturgos presentes la clasificaron como una obra del surrealismo antillano.

(Rebeca toma una manzana del carro del supermercado y se la ofrece a José Jacinto)

Rebeca: ¿Volverías a pecar?

(José Jacinto toma la manzana en sus manos, la observa detenidamente durante unos segundos)

José Jacinto: Cierto que me atrae...pero es fruta prohibida...

(La pasa de una mano a la otra un par de veces y finalmente, le da una mordida colosal)

En la isla origen de nuestro origen, esta acción dramática habría que omitirla; no existen allí manzanas para tentar a los hombres...

Coro: Las puertas de Ciudad-Esperanza han sido cerradas para siempre.

José Jacinto: ¿Para siempre? (grita a voz cuello)

Rebeca: ¡No los oigas! Soy yo quien los oye. Están tratando de aterrorizarte con sus presagios…

José Jacinto: ¿Y si decidimos tener el hijo unigénito que llevas en las entrañas?

Rebeca: Quizás podríamos continuar esta puesta en escena en el escenario de la vida. ¿Por qué no reescribimos la nuestra?... Con la experiencia que hemos adquirido mudándonos de un lado a otro, la estrenaríamos en el Teatro del Gran Repertorio y se titularía "Mortgage and Owners" al estilo de Strangers in the Paradise and Everything's Coming up Roses. Entonces sí que sería un éxito de público y de crítica José Jacinto.

Coro: ¡Despierta Rebeca! Ha llegado para ustedes la hora de partir, un momento más y amanece.

(Rebeca y José Jacinto se toman de las manos y lentamente desaparecen en la profundidad del parque… Han dejado atrás sus pertenencias)

El corifeo "…Poco antes del amanecer han sido encontrados los cuerpos sin vida de una pareja de jóvenes en el Parque Central de New York. Hasta el momento los nombres no han sido revelados y se tiene la sospecha de que se trata de un doble suicidio.

Los detectives asignados al caso han declarado que la investigación está en su fase preliminar y esperan esclarecer las causas de este suceso" ...

La solista del coro: Rebeca y José Jacinto no pertenecen al mundo de los vivos, pero el teatro posee la magia de traer a estos personajes de regreso, una y otra vez y otra vez, hasta el final de los tiempos.

El coro: ¡Hágase la luz!

¡Amanece!

FIN

MÚSICA

La modelo de la página es la actriz, reportera y directora de videos Vanessa Rivera Brown.

Prelude No.1

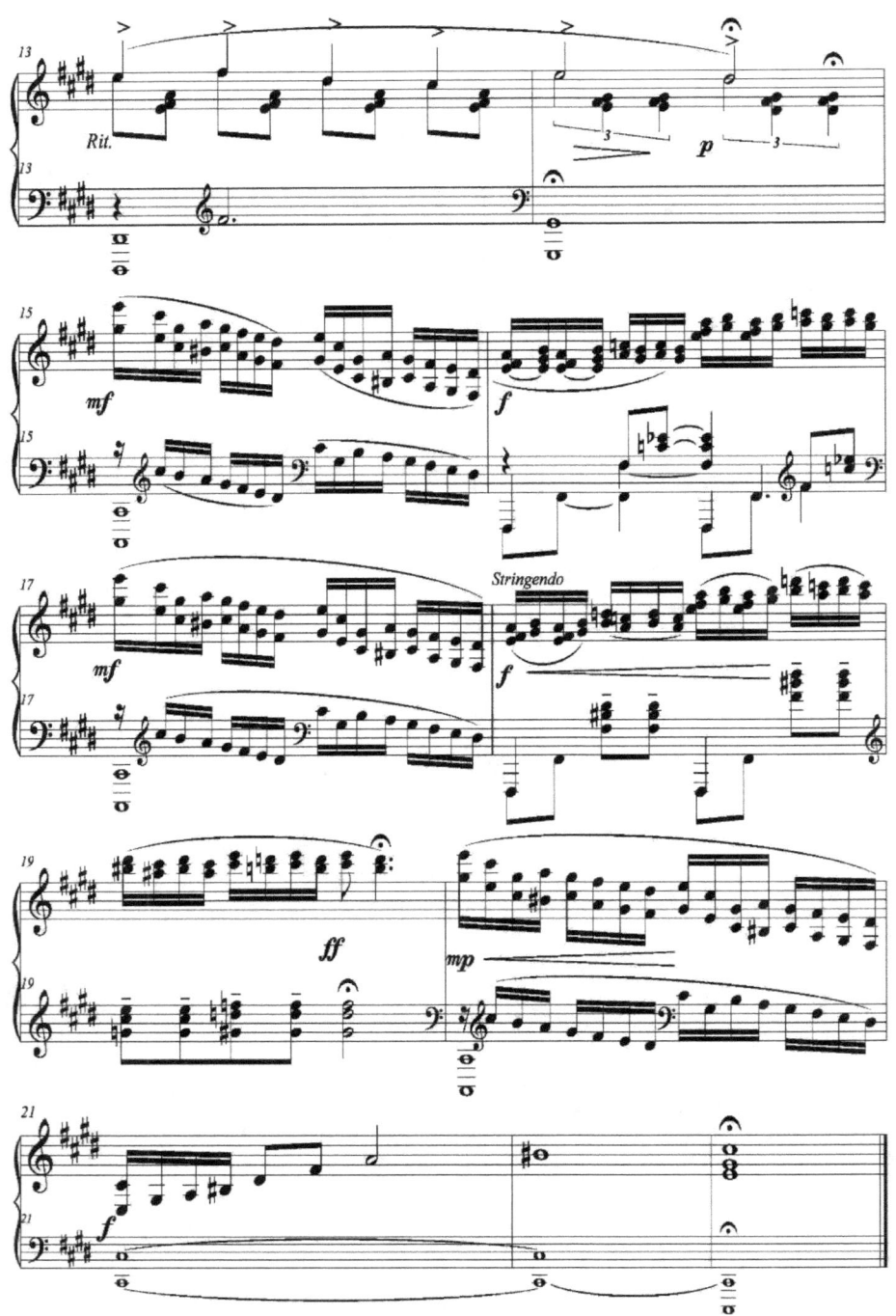

Prelude No. 2

Reynaldo Fernández Pavón

EL AUTOR

Reynaldo Fernández Pavón

La relación con el arte y la literatura del compositor y escritor Reynaldo Fernández Pavón se inició en 1962 cuando comenzó sus estudios de música en la Especialidad de Piano en la Escuela Nacional de Artes de Cuba. En este centro de estudios tuvo el privilegio de ser alumno de composición del maestro norteamericano Federico Smith. Al concluir los estudios de Nivel Medio Superior cursó la Licenciatura en Historia del Arte en la Universidad de la Habana.

Obtuvo el Premio de Música "13 de Marzo" 1975 de la Universidad de la Habana como compositor.

Sus obras sinfónicas y de cámara han sido interpretadas por prestigiosas agrupaciones, tales como, la Orquesta Sinfónica de Matanzas, la Orquesta Sinfónica Nacional de Cuba, la Orquesta de Cámara de la Habana, la Orquesta de Cámara Brindis de Salas y la Orquesta Filarmónica de la República Federativa Rusa.

En 1982-1983 recibe el Premio EGREM al Mejor Productor Musical de Cuba por su obra discográfica con el grupo Irakere (Grammy 1979) y el Cuarteto de Jazz de Chucho Valdés.

Ha escrito música para documentales del Instituto Cubano del Arte y la Industria Cinematográfica (ICAIC) y para seriales de la TV y documentales del Instituto Cubano de la Radio y la

Televisión (ICRT). El CD *Piano Forte, Cuban Masterworks,* incluye una selección de sus obras para piano de concierto.

Presagios, Su primer libro de poemas obtuvo la "Primera Mención del Concurso David de Poesía" de la Unión Nacional de Escritores y Artistas de Cuba en 1979.

En 1980 obtiene el "Primer Premio David de Poesía" UNEAC con el poemario *Cruzando Mares,* publicado en 1981 por Ediciones Unión, posteriormente publica en Juventud Rebelde, Caimán Barbudo, Casa de las Américas, Revolución y Cultura y la Gaceta de Cuba.

En 1994 emigra a los Estados Unidos de América y en 1996 compone la música de la obra de Teatro *Cuentos Negros* de Lydia Cabrera, estrenada en el Teatro del Repertorio Español de la Ciudad de New York, obra que gana el Premio a la Mejor Producción Musical de 1997 otorgado por la Asociación de Críticos de Espectáculos de New York City.

En el 2005 graba un CD que incluyó una selección de sus canciones que se distribuye con el título *Vuela* por la empresa Eniolá Records LLC de Filadelfia. Publica las novelas *El Lirio del Prado (2011) y* El Repatriado (2017), obras que han recibido elogios de la crítica en los Estados Unidos, Canadá, Latinoamérica y España.

Como periodista ha publicado entrevistas, ensayos, críticas literarias y artículos culturales en medios de prensa de los Estados Unidos de América.

Reynaldo Fernández Pavón ha escrito la pieza teatral *En el Parque* publicada en la Revista Literaria Palabra Abierta de California.

En el 2016 recibió diplomas de reconocimiento del alcalde de Trenton y del presidente del Senado y la Asamblea del Estado de New Jersey por su desempeño como profesor y su contribución a la comunidad y a las nuevas generaciones de estudiantes de los Estados Unidos de América. Publica el libro de poesía *Los Versos de la Memoria* en el mes de noviembre del mismo año.

Otras Obras del Autor

El Lirio del Prado

Los Versos de la Memoria

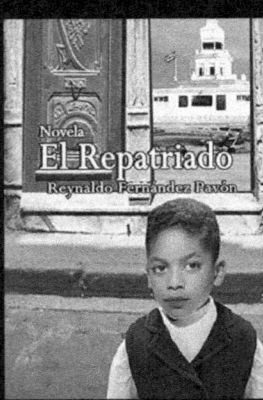

El Repatriado

**Piano Forte
Cuban Masterworks**

A la venta en Amazon.com y otros lugares.

www.EniolaPublishing.com

INDICE